JN235668

営業は運ではございません。

高野孝之
Takayuki Takano

Discover

はじめに

私は大学を卒業し、新卒で**日本アイ・ビー・エム株式会社**に入社しました。新入社員は約400名。うち約半分の200名が営業マンとして採用され、私もそのひとりでした。しかし営業マン1年目はまったく結果が出ず、大きな悩みの中からのスタートとなりました。

最初の4カ月間の売上はゼロ。
200名の新人営業マンで最下位だったと記憶しています。
毎日、深夜までオフィスで仕事をし、土曜日、日曜日も会社や家で仕事をしました。

そんな状況の中、あるとき冷静に観察してみると、私は**売れている営業マンには共通点がある**ことに気がつきました。そこで気づいたことをいくつか手帳に書いて実行すると、驚くことに、次第に結果が出るようになったのです。

気づいたら、**8年間、連続して目標を達成**することができていました。

つまり売れている営業マンの行動には「再現性」があることに、このとき気づいたのです。

水を熱すると、100度で沸騰する。

これはサイエンス（科学）です。

誰がやっても、何度やっても、同じ結果が出る。それがサイエンスです。

サイエンスは再現性があり、知識と経験を体系化したものです。

私は営業の仕事にこのサイエンスを感じ、「営業の仕事は、誰がやっても、何度やっても同じ結果が出るサイエンス」だと確信するようになりました。

こうして営業の仕事を「サイエンス」ととらえて書いたのが本書です。

本書は私が日本アイ・ビー・エム株式会社の営業マンのときに、5000社以上のお客様を訪問して再現性を実証したことを中心に書くとともに、営業課長、営業部長、事業部長として得た経験と知識も盛り込みました。

また、クライアント（上場企業やベンチャー企業）の営業マンから学んだことも加えてあります。

本書は5章で構成されています。

第1章はトップセールスマンになるための「基本」、**第2章**は「創意工夫」でストレッチする方法、**第3章**は「仕組み」をつくって結果を出すための方法、**第4章**は「戦略」を立ててエキサイティングな結果をつくる方法、そして**第5章**は「ナイトサイエンス」で感性と直感を活かす方法について書きました。

各章はすべて1項目につき2ページで構成していますので、どなたでも読みやすくなっています。

人柄と商品知識だけで売れる時代は終わりました。

お客様のニーズと購買動機を分析し、顧客とともに価値を創造するクリエイティブで戦略的な仕事が今、営業には求められていると私は確信しています。

そのためには基本と創意工夫に加えて、行動を仕組み化するとともに、戦略をつくり、感性と直感を活かしていくことが大切だと思います。

営業の仕事はマーケティングやファイナンスのように、学校で学ぶことができません。さらには企業によって、取り扱う商品やサービスが異なるため、営業の仕事はさまざまに解釈され、各社が独自の考えにもとづいて営業活動を行っているのが現状だと思います。しかしそこには確かに、うまくいくための法則があります。

新人の営業マン、結果が出なくて困っている営業マン、もっと業績をあげたい営業マン、営業職のリーダー、事業責任者、すべてのセールスパーソンが、「もっともっと輝くこと」に本書が少しでも役立つことを願っています。

2013年2月

高野孝之

※本書では女性も含めたセールスパーソンを、便宜上「営業マン」と表記させていただきました。

CONTENTS

Chapter 1

「基本」をおさえてトップセールスになる16の方法

目標達成率100% サイエンス営業術（基本編）

Chapter 2

「創意工夫」でストレッチする12の方法

目標達成率120％サイエンス営業術（創意工夫編）

Chapter 3

「仕組み」をつくり誰がやっても結果を出せる17の方法

目標達成率150%サイエンス営業術（応用編）

Chapter 4

「戦略」を立てエキサイティングな結果をつくる10の方法

目標達成率200％ サイエンス営業術（エキスパート編）

Chapter 5

「ナイトサイエンス」で感性と直感を活かす14の方法

目標達成率∞ サイエンス営業術（ナイトサイエンス編）

Chapter 1

「基本」をおさえてトップセールスになる16の方法

目標達成率100%

サイエンス営業術（基本編）

01 限界に挑戦する

みなさんは、1日に最大で何件、お客様を訪問できるか、試したことがあるでしょうか？　**仕事というのは、一度「限界に挑戦」すると、見えるものがあります。**

トップセールスマンによる講演や本を見ると、1日300〜400件と書かれているものが多いのですが、私はこれを、実際に試したことがあります。

午前9時から午後5時までの8時間、昼休みの1時間を除くと正味7時間。私がこの時間で訪問できた件数は、**126件**が最大でした。

集合住宅に名刺やちらしを投函することを1件とカウントすれば、300件以上の訪問も可能ですが、実際に企業のお客様に面談することを目的とした訪問では、この件数が限界というのがわかったわけです。

私がいた日本アイ・ビー・エム株式会社では、見込みのお客様に電話でアポイントメントをとるのですが、このときも同様に試してみたところ、こちらは**1時間に平均6件、1日にすると約50件**が最大であることがわかりました。

また、アポイントメントのとれたお客様への商談は、お客様への提案から結果が出るまでの期間が1カ月。成約率は20〜30％（決裁権者に提案した場合は約60％）。契約に至るお客様への訪問回数は5〜6回が多く、回数が多くなるほど契約の可能性が低くなることもわかりました。

このようにして一度限界までチャレンジし、自分だけのデータを手に入れられると、限界の先で経験と知識が体系化され、数字をサイエンスの目でとらえることができるようになります。

営業は決して気合いと根性の仕事ではありません。**営業は科学的手法に基づく知識と経験。**だからこそ、私たちはまず自分の限界を知り、それをベースに目標を達成するための論理的な計画をたてることで、確実に数字を自分のものにすることができるのです。

02
与えられた目標を見直す

もし会社から目標数字を言われているなら、まずはその数字自体を見直すことから、はじめてください。

すべての人にとって24時間、365日は平等です。
この中でどう結果を出すか。それは、目標設定にかかっています。
目標設定次第で、結果が決まるというわけです。

目標というと、会社から与えられた数字がすべて、と思っていないでしょうか？
いいえ。**目標とは「与えられるもの」ではなく、「つくるもの」です。**
数字を会社から与えられたとしても、個人のものとして改めて設定し直してこそ、
達成するための心の準備と覚悟、達成する気持ちに火がつきます。

自ら設定した目標こそが、結果に最も影響を与えることになるのです。

自分で決めた目標は、必ず箇条書きで、紙に書くようにしてください。

頭で考えるのと、紙に書くのとでは、天と地ほど違いがあります。頭で考えているだけでは腹に落ちることがありませんし、行動をうながすこともできません。

ちなみにここでは、必ず高い目標を設定します。

なぜなら、100％を達成するとき、目標自体が100％では、これを達成できない恐れがあるため、数字は2割増しにするわけです。

こうして自らつくった目標を、一歩一歩達成していくと、「やらされ仕事」ではなく、「自分からすすんでやる仕事」になり、確実に成果が出やすくなります。


目標は必ず自ら設定し直してからスタートする。

これを肝に銘じてください。

03 目標を宣言する

目標が決まったら、それを「宣言」するようにしてください。

目標は宣言すると、実践の確率が大幅に上がることが知られています。

目標を作成し、それに沿って営業を行う営業マンは多くいますが、数字を「宣言して」実践している人は、意外と少ないのが現実です。

宣言とは、個人が実践することを周囲に表明することです。

表明するとは、約束すること。

宣言すると、次の３つの効果が得られます。

①目標達成のための決意が生まれる

②決意が実行につながる

③上司や先輩、同僚からの理解と協力が得られる

目標を宣言するということは「コミットメント」するということです。「コミットメント」というのは、果たすべき約束に対して責任を負う者の、強い決意や覚悟の表れです。

日産自動車のカルロス・ゴーン社長は、「コミットメント」という言葉をよく使う経営者として有名ですが、「コミットメント」は「必達目標」と定義されます。これは、できない場合は責任をとることであり、達成すれば報酬が得られることを意味します。

営業マンにとっての報酬は、給与や賞与など金銭面に反映されるものもありますが、営業の仕事においては、自己の成長につながることも大きな報酬であると、私は確信しています。だからこそ、**目標は宣言し、これを達成することで、自身の成長にもつなげてください。**

04 1年を半年と考える

目標は半分の時間で達成することを目指すと、営業の質が**劇的**に変化します。

目標を立てても、「あと1年あったら絶対、この数字を達成できたのに」ということは、営業マンなら多くが経験していることですよね？　であるならば、逆もまた真なり。1年を半年と考え行動するのです（これは1日24時間、働いてくださいということではありません）。

1年を半年ととらえることで、ムダな行動をなくし、効果的で生産性高く仕事を行い、仕事の質を変えるのです。

英国の歴史学者・政治学者のパーキンソンは、著作で次のように述べています。

「仕事の量は、完成のために与えられた時間をすべて満たすまで膨張する」

つまり言い換えれば、1年を半年と考えると、生産性は2倍になるということです。

年間目標を半年で達成したら、残りの時間でどんなことができるか、想像していただきたいと思います。自己啓発、成功実践例の研究、異業種との交流……など、個人の能力を高める努力を積極的に行える**チャンスが舞い込みます。**

私の場合、入社して2年目からは、毎年、年間目標を半年で達成していましたので、社内外の研修を年間20日以上受講し、自分のスキルをみがくことができました。目標を達成した人間に対して会社や所属する部門の責任者は、その人が成長することに協力的になってくれます。

このように、早期の目標達成が自己の成長を生み、さらなる高い業績につながる……という好循環を生むのです。

目標を立てたら、半分の期間で達成する。

これをぜひ意識してください。

05 基本に立ち返る

ところで営業の仕事とは何か、改めて考えたことはあるでしょうか。営業とは、次の「3つのこと」をお客様に説明、理解いただく仕事です。

・なぜ、お客様は「今」、あなたの提案を検討する必要があるのか
・なぜ、お客様はあなたが提案する「投資」を行うと「効果」があるのか
・なぜ、お客様はあなたの商品を選ぶ必要があるのか

3つのうち、1つ欠けても契約になることはありません。

これは、どんな営業——数十億円のビジネスでも、数十万円のサービスでも、数百円のモノでも、家、車、保険でも——すべてに共通することです。

営業はサイエンス。**「契約がまぐれで取れる」ということはありません。**

だからこそわれわれは、第一にお客様が「今」、検討・決定をする動機をつくること。

次にそのための「投資」と「効果」を説明すること。

そして最後に、提案する商品が、お客様に最適であることを理解いただくことが必要です。

この3つを伝えることが基本であり、すべてと言っても過言ではありません。

目標を達成できない人は、まずこの3点に注目してみてください。

結果が出ないということは、お客様がこの3つのどこかで迷っている可能性が高いはずです。

これらをお客様に確認することから、達成率100%への道はスタートします。

営業の基本となる「3つのこと」。

これを再チェックすることで、あなたのやるべきことが見えてきます。

06 基本プロセスをおさえる

併せて営業のプロセスについても、確認しましょう。

営業のプロセスとは、次の５つのステップで行います。どんな商品でも、どんなお客様に対しても、この５つのステップが基本です。


【ステップ１（初回訪問）】

「お客様があなたの商品を検討する理由」と「決裁権者」を確認し、次回、決裁権者と会う約束をします。


【ステップ２（２回目の訪問）】

商品を提案し、「イエス」あるいは「ノー」のどちらかの結論を出すことに合意いただきます。

【ステップ3（3回目の訪問）】

お客様の課題や問題、その原因をお客様と共有します。

【ステップ4（4回目の訪問）】

お客様の課題や問題解決のための提案を行い、あなたの商品が他よりもすぐれていることを説明し、見積書を出します。

【ステップ5（5回目の訪問）】

お客様から契約をいただきます。

大きな商談案件の場合には「ステップ3」と「ステップ4」が数回にわたることがありますが、営業はこの5ステップが基本です。それ以上でも、それ以下でもありません。

これは、私が5000社以上の商談経験から学んだ、「営業の基本プロセス」です。

07 営業先をまちがえない

タイトルを見て、笑わないでください。

実は結構**ここをまちがえる営業マンが少なくない**というのが私の実感です。

あなたはお客様に重要なことを確認しないまま、営業を開始していないでしょうか？

たとえば初めてお会いしたお客様に、いきなり営業をして、「検討します」と言われるとつい嬉しくなって、その言葉を鵜呑みにしたまま、同じ人にひたすら営業を繰り返してしまう……そんな経験はないでしょうか。

今一度、確認してください。

営業をかけているその方は、本当にあなたが営業すべき人（担当者）ですか？

最初にここをまちがえると、決まるものも決まりません。

営業を開始する前には、事実の正確な確認が必要です。

商談の初期段階では、「お客様の言葉がすべて」と、勘違いすることがありますが、お客様は色々とお話になるものの、適切な判断をしていない場合も多いものです。

自分がその担当者でもないのに「悪いから」とあなたの話を聞き続け、なんとなく「検討します」と答えている。そんなことも実は少なくありません。


多くの人が、この最も大事なことを正確に確認しないまま営業をかけ、大切な時間をムダにし、失敗しています。

私たちはおかしなもので、一度あるお客様に時間を使うと、途中で辞めることができなくなり、盲目的にその人に時間を投資し、**泥沼**に入ってしまうことがよくあります（あなたにも、一度や二度はあるのではないでしょうか）。


私たちがまずお客様に確認すべきことはただひとつ。

「その人はあなたが売り込むべき相手かどうか」ということです。

08 決める人を確認する

商品を検討するとき、あなたはそれを**「決める人」**が誰かを、確認することからはじめていますか？

どんな商談にも、必ずそれを決める人がいます。

これは決裁権者とは別のことが多く、これがわかれば私たち営業マンは、仕事のムダが大きく減ります。

たとえば、個人向け商品の場合、それは**ご主人**であったり、**奥様**であったり、ときには**お子様が**決めることもあるでしょう。電気製品はご主人、インテリアは奥様、おもちゃはお子様といったように、お金を出す人が決めるとは限りません。

一方、企業の場合は少しわかりにくいかもしれません。

社長が決める場合、部長の場合、あるいはものによっては担当者が決めることも多いでしょう。ですから、

「誰が決めるのか」を必ず最初に、お客様に聞くようにしてください。

この質問は、お客様には少し聞きにくい印象がありますが、実際には教えてくれることが多いものです。聞くか聞かないか。このちょっとした違いが、商談がうまくいくかどうかに大きな影響を及ぼします。

決める人が誰かわからないまま営業をするというのは、羅針盤のない船で航海するのと同じです。これでは目的地に到着できないと考えてください。

そして誰が決める人かがわかったら、できるだけ早くその人に会うことです。早い段階で会えれば、決定のための理由を聞き出し、効果的な営業をすることができるからです。

09 投資効果が見えるようにする

お客様が商品を決定するときの重要なポイント。
それは「いくら払えば、どれだけ儲かるか（投資効果）」ということです。
お客様は儲からない（効果のない）商品は買いません。
たとえ買ったとしても、それは遠からず解約や返品につながるでしょう。

そこでまずは**「投資」**について見ていきたいと思います。
たとえば企業の場合、多くの日本企業は2月に会社が予算を決めて、各事業部にそれを配布します。つまり「投資」については、2月に数字が確定しているということです。まずはこの額をお客様に確認します。

次に、それに対する**「効果」**を数字で計算します。

「効果」は経費の削減や、社員の生産性向上、売上や利益の向上などをお客様と一緒に考えて、「1億円の売上増と2000万円の経費削減」というように計算します。
これについては数字の根拠もわかりやすく整理します。

これが効果を「見える化」するということです。

「投資」と「効果」が両方とも数字になって初めて、お客様は決定を判断できます。
これを可能にするためには、過去にあなたの商品を購入したお客様から、その効果を教えていただき、「効果」を数字でもっておくことが必要です。

こうして、投資効果を「見える化」することで、決定率は驚くほど向上します。

10 聞くことからはじめる

ところであなたは、お客様にいきなり「商品の説明」をしていないでしょうか？

営業はまず、お客様の課題や問題をお聞きしてから、それに合った（その問題を解決する）商品を選び、そのあと初めてその説明をするべきです。

たとえばあなたが38度の熱があって病院に行ったとき、お医者様があなたの体調を聞かず、検査もしないで、「風邪薬をおすすめします。これを飲んでしばらく安静にすれば治るはずです」と言うでしょうか？　万が一そのような診察をされたら、あなたは、その病院と医師を信頼できるでしょうか？

営業マンも同じです。

営業マンも最初から商品やサービスの説明をしてはいけません。

第一、**お客様の課題や問題の原因がわからないうちに、商品の提案はできないはず**です。

こちらが考える商品を、お客様の話も聞かずに提案すると、その奥にある本当の問題点や課題を、お聞きすることができなくなってしまうという問題もあります。

これでは本末転倒ですし、営業マン自ら、大事な機会を捨ててしまうことにもつながります。

こうして最初に信頼を失うと、あとから取り返しがつかなくなってしまいます。

営業マンは商品説明の前に、必ずお客様の話を聞くことからはじめてください。

その後、お客様が問題をもたれているなら、その原因を考え、解決となる商品の提案をするようにしてください。

11 社長に会う

お客様の会社の社長にお会いすることを、躊躇《ちゅうちょ》する営業マンが多いのはなぜでしょうか？

それはあなたが自分で、心の壁をつくっているのが原因です。

実は社長はあなたから、積極的なコンタクトや提案を求めている場合が少なくありません。

考えてもみてください。

会社の経営の意思決定は代表取締役社長が行うものです。

常務会など他の意思決定機関があったとしても、形式的な場合が多いですし、議論や報告はなされても、最終決定は社長が行う場合がほとんどです。

もちろん業種にもよりますが、営業活動の初期のタイミングで、社長にお会いして商談を進めることができれば、短期間で契約が取れる可能性が高まります。

組織の下から攻めていき、社内の最終決定者である社長にあげてもらって、契約を取る、という方法もありますが、**ときには怖がらず、上から攻めるやり方にも目を向けるようにしてください。**

社長と面識をもっていれば、たとえ競合があった場合も、あなたの顔を思い浮かべてもらうことで、競争優位に立てることがあります。

さらには社長と面識があることで、その会社の別の方に会って営業を進める場合でも、商談がスムーズになり、提案できる範囲が広がることから、多くの商談案件の契約につながる可能性が高まります。

こうして社長に会うことで、「社長」という立場の人に会うことが怖くなくなると、取締役に会うのも、部長に会うことも恐くなくなり、自分がつくった**心の壁が取り除かれることで、目標達成にかかる時間が短縮されます。**

12 真似をする

どんな会社でも**トップセールスと呼べる人は、全体の2割**です。

パレートの法則(20：80の法則)――売上の80％は優秀な20％の営業が生み出す――というものがありますが、意識して観察すると、このトップ20％の営業マンがしていることには、共通点があるものです。

1週間、1日のスケジュールのつくり方、お客様との電話でのやり取り、社内コミュニケーションの仕方、目標の決め方……等、そこには多くの共通点が発見できます。

自分が成功したり、失敗したりする実体験も貴重ですが、短期間にすべてを経験するには限界があります。ですから、最短で目標を達成したいなら、トップの人がしていることを、まずは真似してみるべきでしょう。

このとき、自分のプライドが……なんてことを言っていてはいけません。**プライドよりも結果が大事。**これは私が最短でトップセールスになったとき、何より成功した方法ですので、自信をもっておすすめできます。

真似をするには、観察するだけでなく、トップセールスマンに同行するのも一案です。彼らは、競合他社に関する旬な情報をもっていますし、新規獲得の成功法則や過去の失敗体験等、あなたに必要な情報を知っています。私の経験では、こうした情報は、実は成績がトップの営業マンほど、人に教えてくれるものです。

トップから学んだことで、あなたが実行すべきことは、必ずノートに書いてください。せっかく学んでも、**書かない限り、実行不可能**であることを覚えましょう。たとえば身近にいるトップセールスマンの共通点を3つ書き、実行することからはじめてください（3つ以上は覚えるのが大変ですし、同時に実行できるのは、3つが限界だと思います）。そして3つを実践できるようになったら、次の3つにチャレンジする。そうして技をみがくのです。

13 分析をする

私は入社3年目の年に、あるお客様の元を、1年間に100回以上、訪問しました。

1年間は365日、52週ですので、毎週2回訪問したことになります。それでも契約は取れませんでした。

一方、同じ年。あるお客様を1日3回訪問して、契約をいただくことができました。

契約金額はともに1億円。

1年間に100回訪問（これは営業マンにとって、精神的にも大きな負担です）しても契約できないお客様がいる一方、1日に3回の訪問で契約できるお客様がいることに気づいた私は、この経験で、**訪問の回数と契約の成否の間に、相関関係がない**ことを知りました。

訪問回数が1回であろうと100回であろうと、意味はありません。訪問は中身が重要です。私はこの一件で、お客様への訪問回数ではなく、訪問の中身が、契約の鍵であることを認識し、内容をより重視するようになりました。

まずはがむしゃらに攻めて自分の限界を知りつつ、ときには止まって、それをじっくりと検証することで、見えてくるものがあります。「成功した」「失敗した」という「結果」ばかりに目を奪われてはいけません。根底にある**サイエンス**を見失ってしまうからです。

とことん限界に挑戦したあとは、結果を論理的にとらえる思考力をもち、サイエンスの目で分析する。

ただしサイエンスの前に、限界まで挑戦するという実際の行動を省いてはいけません。机上の論理だけでも、がむしゃらな実体験のみでもなく、両者をうまく組み合わせつつ、結果を論理的に分析し、サイエンスの目をもつことで、あなたがとるべき営業のスタイルは見えてきます。

14
24時間ルールをつくる

たとえばお客様からの問い合わせに、半日、1日、あるいは1週間で、回答する場合を考えてみてください。

私たちはその期間が長ければ長いほど、完璧な回答をしなければならないと自分を追い込み、期日ぎりぎりに回答する傾向があるのではないでしょうか。

一方、お客様は、完璧な内容を求めている場合は少なく、80点の内容、場合によっては50点であっても、「早い」回答を求めている場合が多いものです。

この状態で回答を引き延ばすと、お客様の方では、時間とともに期待が高まり、われわれも回答の質を高いものにしないといけないという**プレッシャー**の中、ひたすら完璧を求めてしまうという**悪循環**を生んでしまいます。

お客様への回答には時間がかかる場合もありますが、その場合は、実際にかかる時間より、多少長めの時間（日数）を、問い合わせを受けたその日のうち、つまり24時間以内に1度、回答するようにしてください。そして約束したその日よりも早く回答します。これにより、私たちの精神は健全になり、生産性が飛躍的に高まります。

ちなみに不思議なもので、**回答のスピードを重視すると、お客様の満足度は向上します**（これは社内でも同じですので、ぜひ実践してみてください）。

AT&Tやメルセデス・ベンツをはじめとする世界企業でタイムマネジメントやストレス管理に関する講演やセミナー活動を行っているエイタ・エメット氏は、著書で次のように述べています。

「仕事を先延ばしにすることは、倍の時間とエネルギーを要する。その原因のひとつは完璧さに対するこだわりである」。これは「エメットの法則」として、今では多くのビジネスパーソンに支持されています。

自分の気持ちを健全にすることで生産性を上げることも、目標達成をしていくうえでは、とても重要なことなのです。

15 1円でも結果を出し続ける

営業は、**たとえ1円でも、毎月売上を上げ続けるクセをつける**と、常に目標達成しやすい体に変われます。

これはもちろん、簡単なことではありません。

既存のお客様にお願いすれば、2～3カ月はできるかもしれませんが、1年、5年、10年以上続けて売上を出し続けることは、決して容易ではありません。

営業には波があります。

どんな優秀な営業マンにも、いいときもあれば悪いときもあります。

そんなときは、悪い期間を短くする方法を取るようにしてください。

感性を磨き、直感を高める**「カラーバス効果」**をご存知でしょうか？

カラーバス（color bath）とは心理学用語のひとつで、「色を浴びる」の意味です。

意識していることほど、それに関係する情報が自分のところに舞い込んでくる。たとえば「今日のラッキーカラーは赤」と言われると、街で赤ばかりに目がいくといったことを、カラーバス効果といいます。

営業も同様、**毎月必ず1円でも売上を上げることを意識していると、売れる可能性のあるお客様の情報が、無意識のうちに、舞い込んでくる**ようになります。

売上をあげたいという強い思いをもつと意識が高まり、自然とビジネスの情報が手に入る。このことが、悪い波を短くする方法でもあるのです。

「カラーバス効果」を活かして、毎月たとえ数千円でも売上を上げるようにしてください。これが**「流れ」を自分に引き寄せる**ことにつながります。

勤勉に努力し、結果を出し続けると、流れが自分のものに変わってきます。

この兆候を感じたら一気に引き込むようにしてください。

流れを肌で感じられるよう感覚をみがき続けると、目標達成できる体に変わるのです。

16 素直になる

ここまでのことを実践していただくと、だんだん結果が出ると思います。

しかし、だからこそ、最後は「素直になる」ことを忘れないようにしていただきたいと思います。


営業で高い業績を上げている人には、謙虚で素直な人が多いような気がします。

なぜなら、優秀な営業マンほど、人の意見に耳を傾け、自分の悪い点を直すことができるからです。


私たちは成功すると、自分では気づかないうちに、自分の意思や考えに固執し、人の言葉に耳を傾けない**「我《が》」**を育てていることがあります。

この「我」が必要以上に強いと、自らの成長を妨げることが少なくありません。

誰でも最初は、上司や先輩に教えられ、経験を通じて営業の仕事を学んでいきます。
でも営業として経験をつみ、結果を残せるようになると、だんだんと「自信」が「おごり」に変わることがあるものです。

営業として「ほこり」をもつことは大事です。

しかし「誇り（ほこり）」が「驕り（おごり）」となり、誤った形で「我」を通すという悪循環に陥ると、成長は止まってしまいます。

特に営業マンは売れないとき、自身の「我」が原因で、周りから自分を遮断してしまい、どうしていいのかわからなくなってしまうことがあるものです。

そんなときは客観的に自分を見つめ、人の意見に耳を傾け、謙虚に自分の悪い点を直すことが、成長の第一歩。

「素直になる」ことで、道が拓けていくのです。

Chapter 2

「創意工夫」でストレッチする12の方法

目標達成率120%

サイエンス営業術（創意工夫編）

01 ゴールデンタイムを利用する

目標を100％達成するには、基本を忠実に行うことが大切と述べてきました。

一方、目標の120％を達成するには、少し工夫が必要です。

繰り返しになりますが、すべての人に24時間365日は平等です。

であるならば、まず工夫すべきは**時間の使い方**にあります。

突然ですが、サッカーのトッププレーヤーが90分間で、ボールに触っている時間は、およそ何分か、ご存知でしょうか？

たった2分です。90分の2。プレー時間の**約2％**です。

2012年7月のロンドンオリンピック重量挙げで、銀メダルに輝いた三宅選手も、インタビューの中で、次のようにコメントしています。

「1年、365日のうち、ピークはわずか7日間しかありません。このオリンピックに自分のピークがくるよう、4年間、調整をしてきました」

これも、365分の7ですので、**約2%**です。

サッカーの2分間、重量挙げの7日間があるように、実は営業の仕事にもゴールデンタイムがあります。それは、

・午前8時から10時まで（日）
・月曜日（週）
・第一週（月）

つまり、1日、1週間、1カ月のスタートのタイミングです。ここで自分のペースがつかめれば、その日、その週、その月を自分のものにすることができます。

より大きな成果を上げるためには、「何を」すべきかも大事ですが、「いつ」すべきかも重要なのです。

02 午前中を活用する

優秀な営業マンの多くは、特に**朝（午前中）**を有効に使っています。なぜなら1日のうちで一番、集中して仕事ができるのが朝だからです。

なぜ、午前中に集中できるのでしょうか？

それは、午前中はクライアントからの電話が少なく、自主的な仕事に集中できる環境が整っているからです。

そればかりではありません。

人は朝、自然に目覚め、夜になると自然と眠くなる**「体内時計」**を、脳、血液、心臓等の臓器、そして皮膚にいたるまで、**遺伝子レベル**でもっていると言われています。

これにより、午前中は集中して仕事ができるのです。

そこで業績向上に直結する業務は、集中できる朝にするのがおすすめです。具体的には、

- **お客様への提案書／見積書作成**
- **お客様開拓のためのアポ入れ**
- **戦略の立案／見直し**

できる営業マンの多くは、午前中に提案書を書き、お客様のアポイントを取得し、見積書を作成して、午後にそのお客様を訪問します。

まずは明日から試してください。

その効果にきっとあなたは驚くはずです。

03 第1四半期を大切にする

新年度がはじまったとき、「まだはじまったばかりだから、徐々にがんばろう」などと思ってはいないでしょうか？

それではスタートが遅すぎます。

日／週／月より長いスパンで計画を立てるとき、「第1四半期は、あらゆるものに優先する」と考えてください。

営業マンにとって、第1四半期の結果は、年間の目標達成に大きな影響を与えます。第1四半期の実績の4倍が年間目標の結果になるわけですから、第1四半期の結果が目標の20％であれば、年間実績はその4倍、80％になるわけです。これでは達成はかないません。

第1四半期は、必ず年間目標の40%以上を達成するようにしてください。

繰り返しになりますが、第1四半期はすべてを決しますので、「何がなんでも目標を達成する！」という強い決意が必要です。そのためには前年の第４四半期から準備することです。

第1四半期の業績がよければ、社内からの信頼と期待が得られることから、期待に応えるためにまた努力する、という好循環も生まれます。

さらには四半期ごとに1からスタートする自転車操業からも脱却し、毎四半期すべてで、目標を達成し続けるようしてください。

第1四半期には、必ず年間目標の40%を達成すること。

これが達成率のアップにつながります。

04 「社内の人」の力を借りる

営業マンにとって、最も強力な武器は「人」です。

ときには「孤軍奮闘《こぐんふんとう》」することも大切ですが、より大きな目標を達成するには、あなたを後押ししてくれる**人の力を積極的に借りる**ことも必要です。

営業の仕事を映画づくりにたとえると、「脚本家」「監督」「俳優」の3役を、ひとりでこなすようなものです。売るための脚本をつくり、自ら監督をして、俳優として演じることで映画(=営業)を完成させる。営業とはそんなクリエイティブな仕事です。

しかし実はできる営業マンほど、「俳優」の部分で、社内の人の力を借りることがよくあります。それぞれの局面で自分以外の人間に効果的な役割を演じてもらうことで、商談をより有利にすすめ、成約にもち込むためです。

優秀な営業マンは、すべてを自分で行おうとはしません。「ここに営業をかけるならあの人の手を借りるとうまくいく」ということをよく知っているからです。

それはその商品の開発者であったり、その市場をよく理解しているマーケティングのスペシャリストであったりとさまざまですが、こうした社内の手をタイミングよく借りることで、軽々と成約するのです。このようにして社内の優秀な人材からの後押しを受けられると、自分が動く以上に成約率が上がります。

中でも商品の開発者は、あなたの商談成約に積極的に貢献したいと思っています。

ですから依頼が適切であれば、仕事の優先度を上げて協力してくれるはずです。

より大きな目標を達成するには、その商品を営業するとき、武器となる人がどこにいて、どのような局面で力を貸してくれるかを常に頭の中に入れておき、ぜひ適時適切に力を借りるようにしてください。

ひとりではできないことでも、人の力を借りることで、大きな成果を手にできるのです。

05「社外の人」の力を借りる

「社内」のみならず、「社外」の人の力を借りることもおすすめです。

これは、**あなたがすでに獲得したお客様の手を借りる**ということです。


お客様が意思決定を行うとき、多くの場合、何が決め手になるでしょうか。

実は、第三者の意見が決定に大きな影響力をもつことが少なくありません。

ここで言う第三者とは、たとえばお客様の知人、友人、取引先などさまざまですが、中でもあなたが実際に提案している商品・サービスをすでに利用しているお客様の声が、決定に大きく影響します。


「満足したお客様が自発的に語る言葉ほど信頼される広告はない」と言われますが、私たちの言葉よりもこうした人たちの言葉の方が、説得力があるわけです。

イソップ寓話のひとつ**「北風と太陽」**で、北風が力一杯風を吹かせても、旅人の上着をぬがすことができなかったように、営業も、手段を選ばず強引にお客様を説得していては、決して契約は取れません。営業というのは太陽のごとく、旅人が暑くて自分から上着をぬぐようにするものです。

このとき「太陽」のようにお客様の上着をぬがせ、決定に最も大きく影響を及ぼすものが「あなたのお客様の声」です。

これを実現させるためには、契約をいただく前に、「予定どおりの効果が出たら、事例として紹介させて欲しい」と事前にお願い（ちなみに私はこれで断られたことはありません）しておくことです。

ありがたいことに、満足したお客様は、その事実を自分の言葉で平均16人に語るといいます。その意味でもお客様の言葉は目標達成の力になります。

過去に手に入れた顧客の力で新たな顧客を獲得する。

これも営業マンには欠かせないのです。

06 後光を使う

上司の協力を得ることでも、より大きな目標を手にできます。

たとえば日本のお客様は、「役職」を重視します。そこで自分の役職が低いなら、営業に出向くときには相手に合った役職の人間を連れて行くようにしてください。

もし相手先のお客様の役職が高い場合は、営業部長や、その上司である取締役、あるいは社長の同行をお願いするというイメージです（先方からお願いされるケースも多いですが、希望がなくても、役職は合わせるようにしてください）。

これができると大幅に交渉時間が節約できますし、いきなり先方の社長を訪問できる可能性も高まります。

同行を上司に頼む場合は、「訪問の目的」「お客様の情報」「現在までの取引実績」、そして「現在提案中の商談内容」を、簡潔に準備するようにしてください。

このとき上司は、あなたの能力も見ています。

つまり準備をしっかりすることで、自分の実績と能力も上司にアピールできるというわけです。

また上司には、積極的に報告・連絡・相談を自分からするようにしてください。

そのことで上司は、部下であるあなたが自分を信頼していると感じますので、あなたを大事に思うようになります。こうしたやりとりを通して上司があなたを信頼すれば、次回からの協力も得やすく、確実に契約が取りやすくなります。さらには上司に同行してもらうことで、上司の商談の進め方を学べるというおまけも見逃せません。

使えるものは、上司でも使う。

営業マンはそれくらいの気持ちでいいのです。

07 お客様に質問する

お客様への質問形式で営業をはじめられると、成約率が高まります。

お客様は問題は理解していますが、その原因はわかっていません。

一方、問題を引き起こす原因は、必ずお客様の中にあるものです。

そこでまずはお客様に質問することで原因を見つけ出し、それを解決するための商品が提案できれば、あなたの商品はあっという間に売れるというわけです。

お客様にお話しいただき、会話の中から解決策をつくるのですから、よほどピントはずれの解決策（＝商品提案）でない限り、それをお客様が否定することはありません。

ただし心がけたいことがあります。それは、

お客様が思い描いている未来、その未来を形にするための商品を提案する

ということです。あなたが営業している商品やサービスを使って、原因を解決するのみならず、一緒に「未来」を描くのです。未来図は営業マンの手を離れると、お客様のものになります。お客様は、自分や自社の未来図がイメージできると、その実現に向け、自ずとあなたの話に耳を傾けるようになるのです。

個人のお客様の場合も同様です。お客様の希望や将来の夢がかなうような商品提案ができると、それがお客様の未来を描くことになり、お客様はあなたの商品が欲しくてたまらなくなるわけです。

競合他社と差別化する方法は、品質・価格、機能、納期だけではありません。
それは「解決策＋未来図」であることが少なくありません。

営業は、お客様の問題と解決策、そして未来図にフォーカスした提案をすることで、より大きな結果を手にできるのです。

08 横展開をする

あるお客様の問題は、そのお客様固有のものではなく、同じ業種の他のお客様にもあてはまることが少なくありません。なぜなら他のお客様も、同じ状況の中、同じ悩みをもっていることが多いからです。

であるならば、先の解決策と未来図は、同じ業種の他のお客様にも流用できる、つまり**「点から面」に営業展開することで、商談案件を増やせる**ということです。

これはいろいろな業種をあたるより、時間短縮にもつながります。

このように、似たような企業を「ひとかたまり」とすることを**セグメンテーション**と言います。代表的なセグメンテーションは「業種」です。

具体的には「金融」「製造」「流通」「通信・メディア」「公益・公共」の5つでセグメントされます。

業種によって行っている業務は違うので、お客様が求めているものは業種ごとに異なります。ですから、1件のお客様の業務に精通し、解決策を提案できれば、同じ業種の他のお客様に営業展開することができるのです。

こうして**「点から面」に営業活動を拡げることでも、達成率は上がる**のです。

09 「2：6：2」の「6」を狙う

あなたは見込みのお客様のリストがあったら、どこから攻めていきますか？

たとえばあなたが学習塾の営業マンで、ある学校の英語の成績について、上から100名分のリストがあったらどうでしょう（個人情報の関係で、実際にはありえない話ですが）。

私なら最初のターゲットを**中の上**、つまり30位から40位の生徒に定めて攻めていきます。なぜなら中位の人たちは他人に同調する意識が強いからです。

この中からたったひとりでも成績を上げたなら、その情報は層全体に一気に広がり、彼（彼女）に同調しようとする動きが起こります。これによって入塾希望者が芋づる式に増えていく、そこを狙うというわけです。

下位2割の人は、中位の変化に気づくと彼らの変化に関心をもちはじめますので、次にそこを狙います。この層は中位の変化の浸透に合わせてアプローチしていくのです。

一方、**上位2割**の人は目標意識が高く、独自の方法を見つけたいという意識が強いので、同調する可能性が低い傾向があります。そこでこの層への営業は最後にします。

法人向けも同じです。もしあなたが１００社のリストをもっているなら、規模や売上高で見て、上から30位、40位あたりから攻めてください。１０００社のリストがあるならば、３００位から４００位あたりの企業から攻めるイメージです。

これは**バーベキューの火をおこすときと同じ**ようなイメージです。

より燃えやすい中位60％に火をつけると、火は全体に広がりやすくなります。

このように同調しようとする意識が強い中位の層を最初に狙うと、早く確実に契約が取れ、１２０％の達成を目指すことができるのです。

10 失敗を怖がらない

営業の仕事をはじめて3年目、私は新規のお客様を獲得した件数が年間トップになり、表彰されました。一方、同じ年、競合他社に負けた件数が一番多かったのも私です。

当時は5年間で、5000件以上の商談を行っていましたが、実は営業に成功した経験よりも、**負けた経験の方が、その後の私をつくりました。**

繰り返しになりますが、営業マンは数多く勝負する中で、自分だけのデータを手にできると、知識と経験が体系化され、数字をサイエンスの目でとらえることができるようになります。

宝くじは買わなければ当たらない。

営業も同じです。

数をあたらなければ契約は決して取れません。

ですから、目標を上げようと思ったら、数をあたることも意識していただきたいと思います。

こうして数をあたっていくことで、数字をよりサイエンスの目でとらえられるようになると、その先がはっきり見えるのです。

失敗など決して怖がる必要はないのです。

11 タイムトラベルをする

1年、あるいは3年後に、自分が目標を十二分に達成していることを想像し、そこから**逆算して「今」を考える**と、見えてくるものがあります。

たとえば1年後、目標の3倍の商談を第1四半期に発掘できた、新しい販売チャネルの開拓に成功した、大型の商談案件が競合なく3カ月で契約できた……などを想定してください（ちょっと楽しいですね）。

できたらその理由を考えます。

私たちは、目標を常に、過去の延長線でしか立てていません。

そこであえて成功から逆算して、その要因をさぐるのです。

成功の理由について思いついたら、**5W**（When,Who,What, Why, Where）、

2H（How, How Much）で書いてください（30個から50個位、2時間程度で出してみてください）。

あるいはブレインストーミングでもかまいません。ここは楽しくやりましょう。列挙が終わったら結果をグルーピングして、10個程度にまとめます。このときにキーワードを太字か「○」で囲みます。実行計画をつくる際にキレが出るからです。

そして次が大切です。

1年後あるいは3年後にタイムスリップした自分を「現在」に戻すのです。

自分がタイムトラベルして見つけた成功理由を、「現在」に立ち返り見直すわけです。

このとき重要度が高いにも関わらず、現在できていない項目があったら、それが**「チャンスのキー」**です。

この結果に基づいて優先度を決定し、実行していくようにしてください。

12「なぜ？」を5回繰り返す

「目標」と「結果」の差を「問題」と定義したとき、「問題」だけに目を奪われると、物事は決して解決しません。

たとえばあなたが道をつくる仕事をすると仮定します。

目標は1日5メートルです。でも、3メートルしかつくることができなかったら、目標5メートルに対して、結果3メートルの差、「2メートルが未達成」であることがこの場合の「問題」です。

ではその原因を考えてみましょう。

「疲れていた」「必要な道具を忘れた」「天気が悪くて作業ができなかった」「目標を3メートルと勘違いしていた」……どれもありそうな原因ですが、このように結果は同じでも、原因はさまざまです。

もしも疲れていたのであれば、残業を減らしたり、作業量の調整や勤怠管理を行うことで解決できるかもしれません。道具を忘れてしまったのであれば、忘れないような仕組みをつくることで解決できるかもしれません。

このように**本当の原因を見つけられれば解決策が見つかります。**もっと言えば、原因によって解決策は変わるわけです。

本当の原因のことを、真の原因、**「真因《しんいん》」**と言います。

この真因はひとつではなく、複数ある場合もあります。

真因を探るためには、「目標」と「結果」の差を「問題」と定義して、「なぜ、そうなったのか」を5回繰り返すと見えると言われています。

トヨタ自動車では問題が発生したとき、社員に「なぜ、それが起きたのか」を突き詰めて考え抜くことを求めるそうです。これは**「なぜなぜ5回」**と呼ばれています。

営業マンは結果だけに目を奪われず、原因を掘り下げ「真因」を見つけることこそが、達成率を上げることにつながります。

Chapter 3

「仕組み」をつくり誰がやっても結果を出せる17の方法

目標達成率150%

サイエンス営業術（応用編）

01 リストをつくる仕組みをつくる

営業マンにとって、目標の100〜120％であれば、基本を忠実に守り、工夫を加えれば、達成できる可能性は十分にあるとお伝えしてきました。しかし150％の達成となると**「やり方を変える」**、つまり売るための「仕組み」づくりが必要です。

目標の100％達成というのは、給料をもらうわれわれにとって、ある意味義務かもしれません。しかしだからこそ、実はこの段階まで私たちには**ノルマの苦痛**がともないます。一方、目標の150％を目指すための「仕組み」づくりがはじまると、目標は高くなるものの、仕事は飛躍的に楽しくなります。「仕組み化」することで何度やっても同じく高い結果が出はじめると、営業は面白くてたまらなくなるからです。

では早速、まずは営業マンの命である「リストづくり」を仕組み化する方法からご紹介していきましょう。

もしあなたが引っ越し業者なら、どのように見込み客をリスト化するでしょうか。たとえば4月から幼稚園に入園する子どもがいる家庭が、幼稚園から遠いアパートに住んでいたとします。「遠すぎて子どもが幼稚園に通うことができない」という問題が起きたとき、彼らには引っ越しを**「検討する動機」**が生まれます。そこであなたは、

「4月の半年前に当たる10月頃（いつ）」、「2才から3才の子どもをもつ親（誰が）」で、「幼稚園から半径2km以上離れた地域に住み、子どもを幼稚園に通わせられない人（動機）」

を探して毎年リスト化する仕組みをつくれば、そこに幼稚園がある限り、この**リストで自動的に見込み客を見つけられる**というわけです。つまり営業マンは、「いつ、誰が、どのような動機で」あなたの商品を検討するかを推測し、そこから逆算して潜在顧客をリスト化できれば、毎年高い確率で数字をつくることができるのです。

営業にリストは欠かせません。まずはこの方法で、リストづくりの仕組み化からはじめてみてはいかがでしょうか。

02 リストを更新する仕組みをつくる

先の例は異なりますが、リストは基本的に、必ず3カ月に1回はお客様を訪問して、定期更新することが大切です。なぜなら3カ月の間にお客様の状況は変化することが多いからです。

世界最大手のデータベースを提供している会社によると、60分の間にはなんと、

- **240の企業が住所を変更（4の企業は名称変更）**
- **150の企業が電話番号を変更（もしくは不通）**
- **112のリーダー（CEO、CFO等）の名前が変更**
- **20の企業が消滅**

するそうです。

お客様の状況が変化するとき、営業マンには新たな提案の機会が訪れます。

企業であれば、人事異動によってキーマンが変わり、お客様と新たな関係を築くことが可能になったり、お客様が海外進出をすればグローバル対応に必要な提案ができたり、新商品の発表があれば広告宣伝費が増額され、新たな広告獲得の機会につながるかもしれません。個人向け営業の場合も同様に、結婚、お子様の誕生、入社、転職などのタイミングが、営業マンにとって新たな商品提案の機会になります。

ですからお客様の情報は、定期的に更新する仕組みをつくり、お客様の変化（＝あなたの営業のチャンス）を逃さないようにしてください。

たとえばリスト作成から3カ月経ったら、それを自動で知らせる仕組みをつくったり、この知らせを受けたら第一優先でリスト更新の作業をするという仕事のルールをつくるのです。こうしてお客様の変化を必ず3カ月ごとに入手し、変化のタイミングで営業活動を行えば、他社と競合などする必要もなく契約を手にできるのです。

リストは営業マンにとっての命ですが、**3カ月たったリストはもはや武器ではありません。** リストの更新、これを怠らないことで、リストを武器に変えるのです。

03 アポ入れを仕組み化する

リストができたら新規のお客様をつかむために、自分からお客様にアポイントを取り、お会いするのが基本です。最近では営業マンが電話でアポイントを取ることは**アウトバウンド**（外に電話をかけること）とか**テレマーケティング**（電話による見込み客へのアプローチ）などと呼ばれます。

お客様からアポイントをいただく方法も仕組み化できると、成功の確率とスピードが上がります。たとえば次のイメージです。

①電話をする前に、先方に商品のパンフレットやセミナーの案内状を郵送（メール）し、届いた頃に電話をする

②電話では自分が誰かを伝え、電話の目的と理由を伝える
③担当者(決定者)が誰かを聞き、いればつないでもらい、いなければお礼を言い、いったん電話を切る
④担当者(決定者)につながったら、①のメールが届いているかを確認する
⑤届いていればその内容を説明し、アポイントを入れる。届いていなければ送付することを伝え電話を切り、後日アポイントを入れる

このような形でアポ取りも仕組み化すると、考えることなく作業ができることから、効率が上がります。

さらにこの**「スクリプト」**(お客様の対応を予測してつくる電話応対マニュアルのこと)は日々ブラッシュアップし、「この通りにすれば必ずアポが取れる」という精度にまでみがき上げるようにしてください。

完成したら、あとはそれを仕組みとして繰り返すだけで、断然アポは取りやすくなります。

04
紹介をもらう仕組みをつくる

先述しましたが、満足したお客様は、平均16人にそれを話すと言われています。そこで**満足したお客様にその16人をご紹介いただく仕組み**をつくるという手もあります。これができると新規のアポ、顧客を獲得できる確率が**飛躍的**に高まります。

私が営業2年目に実践した方法をご紹介します。

ある年の5月、飛び込みである旅行代理店を訪問し、予約手配・精算業務へのシステム導入を提案したところ、初回訪問から1カ月で契約をいただいたことがありました。

3カ月後にはシステムが稼働。夏休みの旅行シーズンのピークを新システムで自動化することに成功し、期待以上の成果に大変ご満足をいただいたのですが、私はこのとき、競合他社でもときに航空座席を融通し合う協力体制を敷いていることを知りました。そこでシステムにご満足いただけたようなら、同じ問題を抱える他の旅行業者様をご紹介いただけないかと、次の方法でお願いしました。

①旅行業者名簿をもっていき、その中で契約の可能性のありそうな企業と役員の名前を教えてもらう
②今回の事例を成功例として外部に紹介する許可を得る
③お客様の名刺10枚の余白に、お客様自らの手で、私の簡単な紹介文を書いていただく（次の営業先にもって行くため）

これをお願いした結果、私は6カ月で5件、3年間で30件のお客様を、新規に獲得することができました。

まずは最初のお客様にご満足いただけるよう誠心誠意の営業を行い、契約に成功したら、次にそのお客様に**別のお客様をご紹介いただくための仕組みをつくる。**これができるとエンドレスな営業活動につながります。

05 優先順位をつける仕組みをつくる

リストの中から**勝率100%**のお客様だけにあなたの大切な時間を使って営業できれば、成約率をより高められます。逆に言えば、リストには入っているものの契約の可能性の低いお客様については営業を後回しにするのです。

こうしたお客様を見定めるためにはどうすればいいでしょうか。

方法は簡単です。

営業を開始する前にあなただけの**「見極めチェックリスト」**をつくり、それを使って、契約を取りやすいお客様と取りにくいお客様をふるいにかければいいのです。

チェック項目はシンプルです。

たとえば次の3つについて「イエス」か「ノー」を判断します。

・お客様が決断すべき（買うべき）時期は明らかか？
・その商品を買うとお客様にメリットはあるか？
・あなたの商品がライバルの商品よりいいとお客様は判断するか？

これらの質問に対して、3つとも「イエス」のお客様が、あなたが優先的に営業をかけるべきお客様です。

「イエス」が1つあるいは2つの場合は、「ノー」の理由とその解決法を考えます。結果、「ノー」を「イエス」に変えられたなら、そのお客様は優先案件に変わります。ノーのままならそのまま後に回します。

営業をかける前にこの「見極めチェックリスト」で優先順位をつけることを仕組み化すると、効率は格段に上がります。

「リストができたら即営業」ではなく、このワンステップを仕組みとして取り入れることで、営業のスピードは面白いように上がるのです。

06
シナリオづくりを仕組み化する

「見極めチェックリスト」で勝率100％の商談と判断したら、併せて**契約までのシナリオ**もつくってしまいましょう。

まずは次の6項目をチェックします。

- **お客様の要望を確認する**
- **その要望に対して、お客様は具体的に何を望んでいるか確認する**
- **お客様はあなたの商品をどのように感じているか確認する**
- **契約までに予想される問題を考える**
- **いつ、どのように、その問題を解決すべきか考える**
- **自分だけでは解決できないことは何かを確認する**

これら6つをもとに、契約までのシナリオを描くのです。

このシナリオがあれば、誰でも、どんなお客様に対しても営業できるシナリオが整います。

「見極めチェックリスト」でお客様を選んだら、そのお客様に対して営業シナリオをつくってしまう。

ここまで含めて仕組み化できると、**さらなる時短**につながります。

07 売上予測の仕組みをつくる

「契約までのシナリオ」をつくったら、せっかくですので余裕があれば、最後に**売上予測を立てるところまで仕組み化**すると、長期の計画が立てられます。

まずはお客様を段階ごと4つに分類していきます。

A：「見極めチェックリスト」ですべての項目が「イエス」になったお客様

B：契約までのシナリオができあがり、営業活動中のお客様

C：見積書／提案書をお渡ししているお客様

D：契約書／注文書をお渡ししているお客様

Aのお客様が契約に至る確率は25％、Bは50％、Cは75％、Dは100％と仮定します。あとは各ステップの売上金額にそれぞれの確率（25％、50％、75％、100％）

を掛け算すれば、売上予測ができあがります。

たとえば、現在のA～Dの案件がそれぞれ、

A：400万円
B：300万円
C：200万円
D：100万円

なら、400万円×25％（100万円）＋300万円×50％（150万円）＋200万円×25％（50万円）＋100万円×100％（100万円）ですので、合計の400万円が売上予測になるわけです。

営業マンはこうすることで、予測を簡単に立てられるようになります。ここまでを仕組み化して営業活動を進められると、**圧倒的に計画が立てやすくなる**のです。

08 決断させる仕組みをつくる

あなたが提案する商品やサービスを気に入ってくださったとしても、**「今」**その商品を買う必要があるかどうかについて迷っているお客様は多いものです。

個人でも企業でも、契約をするというのは、お客様にとって大きな決断。だからこそ「本当にこの判断は正しいのか？」と不安に思うのは当然です。

そのとき、「いつ」その商品が自分に必要なのかがはっきりわかれば、お客様は購入を決断できます。そこで**アンケート**を使ってお客様に決断させる仕組みをつくると、契約に向けて動くことがよくあります。

たとえばこんなイメージです。

①お客様が実現したいことを具体的に書いていただく

個人に車を営業するなら、「車があれば深夜に釣りに出かけられる」「両親を車で病院に連れて行ける」など、入手後の未来図をお客様自身に書いていただきます（自分で書くと、お客様はその商品（サービス）が欲しくなります）

②商品を入手するのに必要な時間を伝える

たとえば人気の車種であれば、納車までに6カ月以上かかることがあります。
そこでお客様の希望を聞きつつ、お客様自身の手で納車希望日を書いてもらいます。

③「今」決めてもらうための、お得な特典を用意する

決定のための特典を用意し、背中を押します。

営業をするときには、こうしたフォーマットへの記入を、事前に仕組みとして組み込めると、お客様の決断の速度が早まります。

09
解約を防ぐ仕組みをつくる

せっかくご契約いただいたのに、お客様からある日突然、解約の申し入れが届いた……という経験をしたことはないでしょうか？

きっとどんな優秀な営業マンでも、一度や二度は経験があると思います。

1つの重大事故の背後には29の小さな事故があり、さらにその後ろには300の軽微な事故が存在する。しかしその98％は予防可能であるという「1：29：300」の**ハインリッヒの法則**をご存知でしょうか。

この法則を営業にあてはめると、**1件の解約の裏には、最大300件の解約の可能性がある**ことがわかります。つまり営業の仕事とは、解約の申し入れを受けたとき、どのように対応するかがとても重要だというわけです。

そこで解約の報を受けたらすぐにお客様を訪問し、なぜ解約するのかをお聞きし、原因を見つけるとともに、事前にそれを解決する仕組みをつくっておくことをおすすめします。これがスピーディに実施できると、**98％の解約は予防できる**からです。

さらには解約の可能性についてタイプ別にリストをつくっておき、1件解約が発生したら、そのお客様に似たタイプで解約の可能性のあるお客様をすぐに訪問し、解約を未然に防ぐのも手です。

「1：29：300」の「1」が発生したときには、29件のお客様にすばやく対応できる仕組みをつくっておけば、その背後にある300件の解約も防げます。

営業はトラブルが起こってから対処をしたのでは遅いことが少なくありません。

トラブル回避のための仕組みづくりも、とても大事なことなのです。

10 満足度向上の仕組みをつくる

解約されないためには、お客様があなたの商品に満足しているかを**定期的にチェック**する仕組みをつくることも大切です。

お客様が満足し続けてくれれば、商品を続けてご利用いただけますし、新しい商品を購入いただく可能性も発生します。

これをチェックするときも、前回同様**アンケート**で確認するのがおすすめです。ただし、これをしたりしなかったりということにならないよう、年間のスケジュールに先に組み込んでしまいましょう。

アンケートは質問の数を3つ程度と**シンプル**にし、答えも「イエス」「ノー」の2つで簡単に答えられるようにします。そうでないと、お客様は面倒で回答してくれないからです。たとえばこんなイメージです。

・商品に満足していますか？　（イエス／ノー）
・買い替えのタイミングがあれば、次回も当社の商品を選びますか？　（イエス／ノー）
・商品に不満はありませんか？　（イエス／ノー）

お客様が「ノー」と答えた項目については、その理由を書いてもらってください。

アンケートはメールでも紙でも、お会いして答えていただく形でもかまいません。

アンケートに答えていただいたら、次は「どうすれば満足していただけるかの基準」をお客様と一緒に決めてください。その基準がお客様の「イエス／ノー」の基準になりますので、**あとはその基準を上回る行動をするだけ**です。


定期的にアンケートを行い、お客様の回答から満足の基準をつくり、基準にそって営業マンが行動するという仕組みができると、自然とお客様の満足度が向上し、次の契約につながります。

11 共鳴の仕組みをつくる

あなたの商品を購入したお客様が集まる仕組みをつくれると、それが大きな力となって、商品の売上をさらに押し上げることがあります。

たとえばfacebookやtwitterをはじめとしたソーシャルメディアで、「この商品はいい」と、お客様が自ら口コミを広げるようになってくれると、あなたは営業などすることなくお客様が見つかります。このように口コミの起点となってくださるお客様を伝道者（エバンジェリスト）といいます。

伝道者と言うと大げさかもしれませんが、これはあなたの商品がいいと感じた実感を、自分の言葉で広めてくれる人のことです。

伝道者がひとりから数人、数人から数十人、数十人から数社、数社から数十社になっていくことで、お客様のコミュニティーができあがります。

このコミュニティーは、商品やサービスの価値に共感した人たちの集まりです。この「共感」が高まると、それはやがて「共鳴」をはじめます。

このようにお客様のひとりである伝道者が、自分の体験を広め、「共感」の輪となるコミュニティーをつくり、それが「共鳴する」コミュニティーにまで発展すると、そのコミュニティーがあなたの商品を売ってくれるようになるのです。

そこでまずはあなたのお客様の中から、あなたの商品に喜びを感じている伝道者を選び、伝道者になることをお願いしてみてください。

最初は数人、数社からはじめ、少しずつ「共感」の輪、さらには「共鳴」のコミュニティーへと広げられると、**営業をしなくても売れるという仕組み**がつくれます。

12 スランプを脱出する仕組みをつくる

長嶋茂雄さんがプロ野球ルーキーの年、打ったボールがスタンドに入り、ゆうゆうとホームベースを踏んだところ、なんと一塁の塁審が「長嶋選手は一塁のベースを踏んでいない」と判断し、結果はアウト。ホームランにはならなかったという事件がありました。

営業の仕事もプロ野球と同じ**プロ**の世界。

契約が取れないときこそ、ベースの踏み忘れがないよう注意することが大切です。

お客様があなたの商品を購入するには、次の5つのステップを踏みます。

逆に言えば、あなたはこれら**5つのステップ（野球で言えば5つのベース）をお客様に確実に踏ませなければなりません**（これは個人でも企業でも、またどんな商品、どんなサービスでも同じです）。

(ステップ1) 欲しいという気持ちに気づく→ **(ステップ2)** そのニーズに合った商品を探す→ **(ステップ3)** どこから購入するかを検討する→ **(ステップ4)** 価格や条件を比べて納得する→ **(ステップ5)** 今すぐ購入する理由を見つける

たとえばお客様の中に、ステップ5の「今すぐ購入する理由」が見つからなければ、ステップ4のベースを踏んでいても、お客様はあなたからモノを買いません。

これは野球で言えば、3塁ベースまで進んでいても、ホームベースを踏んでくれなければ点が入らないのと同じです。

そこで、どうもお客様からの契約が取れないというスランプのときのために、お客様がこれらすべてのベースを踏んでいるかをチェックできる仕組みをつくっておくと、原因をスピーディに探れます。

さらには商談のたびにこの確認を仕組み化できれば、営業の穴が一目でわかり、すぐに対策が取れるのです。

13 生産性を高める仕組みをつくる

ここからは、毎日の仕事を仕組み化することで、効率化を図る方法をお伝えします。

営業の仕事をしているとき、お客様に電話をしたり、見積書を書いたり、情報を整理したりとさまざまな業務に追われることで、**生産性が下がっている**と感じたことはありませんか？

これは、仕事をルーチン化できていないことが原因です。

そんなときは1週間の予定をルーチン化すると、驚くほど生産性が向上します。

たとえば1週間のスケジュールを、次のように仕組み化します。

【月曜日】 その週に訪問する顧客の情報をホームページで確認する（1件10分）

上司への報告・連絡・相談と、その週の同行を依頼する。

【火曜日】「解決策＋未来図」の提案書を5件つくる。
【水曜日】新規のお客様を10件まわる。
【木曜日】提案書を3件出す。
【金曜日】来週のスケジュールをつくり、お客様や社内との打ち合わせの時間を決める。1週間を振り返り、実施できなかった原因と解決策を考える。

このように1週間の予定と目標を決めてしまえば、迷いがなくなり生産性が高まります。1週間という単位は、営業マンが予定と目標をつくる単位として最適です。

1週間単位で営業の仕事をルーチン化すれば、行動の軸ができ、生産性が高まります。また、あれもこれもやらなければいけないと余計なことを考える必要がなくなることから、**不安やストレスからも解放**されます。

こうしてあなたの毎日でさえも仕組み化することで生産性を高めていけば、大きな目標が達成できます。

14
成功パターンを集める仕組みをつくる

商品がうまく売れたとき、その成功の分析を重ねていくと、あなたの**得意な「型」**が見え、成功パターンがつくれます。

そのためにはまず、成功した要因を売れたその日のうちに3つにまとめることを日々のルーチンにしてください。これがあなたの成功の法則としてストックされます。

メモには成功したときにとったあなたの**行動**を書くことが大切です。

たとえば、

- 迅速な行動でお客様の信頼を得られた
- 実演して具体的な成功イメージを説明できた

・お客様の事例を示して実現の可能性が証明できた
・ビフォーアフターの写真を見せたことが決め手になった
・効果の見える化により価格の納得が得られた

など。
ここにはもちろんお客様の情報（お客様の名前と役職〈個人向け商品であれば、性別と年齢〉／商品名／金額／商談を開始した日／契約日／成功要因）も添えてください。

このメモは**1枚につき10分**程度で書き、エクセルなどを使ってファイルで管理し、新規のお客様があったときには検索できるようにするのがおすすめです。新規のお客様には、過去に成功したときあなたがとった手法をとります。
この10分を日々のルーチンにすることで、数字は大きく変わるのです。

15 まちがえない仕組みをつくる

もし、契約段階で見積書の数字がまちがっていたらどうでしょう？

これでは、契約できない可能性が発生しますね。

私たちは何度も確認して見積書をつくっても、それでもまちがうことがあるものです。これは、**確認作業が細かく仕組み化されていないことが原因**です。

誰でもミスはします。でも同じまちがいをしないよう細かく仕組みを決めて実行すれば、ミスはくり返さなくなるものです。

たとえば見積書であれば、次のようなチェックリストで確認することを条件に、このチェックなしには提出できない仕組みをつくれば、誰でも正確な見積書を作成できます。

□単価を価格表でチェックする
□チェックを2度する
□値引きの社内承認書と見積書の金額を◯◯さんにチェックしてもらう
□経理担当者に最終確認をしてもらう

こうした、誰がいつやってもまちがえないためのリストをつくり、これをチェックすることを仕組み化すればいいのです。

営業マンにとっては見積書、提案書、契約書の金額をまちがうことは、商談を失うことにつながります。これが**命取り**になることさえあるのです。

そこで**一見当たり前のように思えることもおろそかにせず、すべて仕組みにしてしまう**ことでミスをなくし、余計なストレスから解放されることで、目標達成を目指してください。

16 忘れない仕組みをつくる

研修や他の営業マンの成功事例を聞いて**「目からウロコ」**や**「感動したこと」**があったとしても、それを実践できない営業マンが多いのはなぜでしょうか？

これは1日経つと3割程度しか覚えていない、そして1カ月が経過すると何も覚えていないという人間の性《さが》（忘却曲線がよく知られています）に対する対策が不十分なことが原因です。

大切な時間を投資してせっかく学んだことを活かすためには、忘れない仕組みをつくることも大切です。そこで私が実行している方法をご紹介しましょう。

①大事なことはその日のうちに箇条書き1枚に書き出す

②1週間後、1カ月後、3カ月後、これを思い出すための時間(30分)をとる(ス

ケジュールに入れる)

これだけです。

これをルールにするとともに、振り返りのときには、勉強になった点や成果、それをしたことによる自分の行動の変化も見逃さないようにしてください。

振り返りの予定を入れずに机の前に貼っておき、毎日見る方法もありますが、貼ることによってかえって安心してしまい、リマインドする機会をなくしてしまう危険があるので注意してください。

その他、私がおすすめする方法は、同僚や先輩、後輩などに学んだことを説明することです。自分の言葉で話すことにより、自分の考えが整理でき、実行につながるからです。これも事前に**「ノルマ3人」**などと、ルールをつくって仕組みにしてしまうのがおすすめです。このようにして学んだことは忘れない仕組みをつくり、確実に実践していくと、必ずあなたの力になります。

17 ポジティブに行動する仕組みをつくる

営業の仕事をしていると、**ネガティブ**な考えをもつことがあります。

これは無意識に私たちが心の中でネガティブな「問い」を自分に投げかけているからです。その「問い」への答えが、私たちの考えや行動につながります。

そうであるなら、自分がポジティブになれる元気が出る「問い」と「答え」をつくり、それを毎日見る仕組みをつくれば、いつも前向きな考えや行動になるはずです。

たとえばこんな「問い」と「答え」を用意し、毎日見るのはいかがでしょうか。

・「目標に向かって努力すれば結果は必ずついてくるか？」→「イエス」

・「お客様の発展が自分の成長につながるか?」↓「イエス」
・「お客様に対して丁寧な仕事をすれば、それは自分にとって一生のお客様になるか?」↓「イエス」

こうした「問い」と「答え」を手帳やスケジュール表に書き、**毎日見ることを仕組み化**するのです。

手帳やスケジュール表は、少なくとも日に3~4回は見ますので、開くたびに目にするわけですが、これを毎日繰り返していると、思考が変わり、ポジティブな行動がとれるようになってきます。

もしあなたがパソコンやスマートフォンのスケジュール機能を使っているなら、自動で毎朝、画面に表示されるようにセットするのも一案ですね。

こうして毎日ポジティブに行動できるようになると、達成率150%も夢ではなくなります。

マインドセットも仕組み化する。これもぜひお試しください。

Chapter 4

「戦略」を立てエキサイティングな結果をつくる10の方法

目標達成率200%

サイエンス営業術（エキスパート編）

01 戦略をつくる

営業の仕事を「仕組み化」することで、何度やっても高い結果を出せるようになると、営業マンは**よりエキサイティングな結果**（目標達成率２００％）を求めたくなるものです。

目標達成率１５０％であれば、「基本」「創意工夫」プラス「仕組み化」で達成できましたが、２００％の達成となると**「戦略」**が必要になります。つまり「仕組み化」してレバレッジをかけたら、さらに「戦略」をたて、いっきに達成率２００％を目指すのです。

そのためにはまず「戦略」とは何か、なぜ必要なのか、その意味を理解し、腹に落ちるまで考えることからはじめてください。なぜなら、優秀な営業マンも「仕組み化」はできても、その先の**「戦略」を理解し、ここに一歩踏み込むことができる人は少な**

いからです。

営業の仕事は、場当たり的な対応をしていると、どうしてもその場の状況に振り回されてしまいます。すると、ときに自分を見失い、行動の軸がぶれて、自分が何をしているのかが、わからなくなってしまうことがあります。

そんなとき全体を描く枠組みがあれば、今、自分が何をすべきか、その枠組みと照らし合わせることで、行動の軸が整います。

これが「戦略」です。

「戦略」をつくり実行すれば、売上を2倍、3倍にすることが可能です。

営業マンにとっての「戦略」とは、「市場のニーズを理解し」、「ターゲットとなるお客様と売るべき商品を決め」、「営業方法を考え」、「成功のレベルを決めて実践し」、「適宜それを軌道修正すること」です。

この「戦略」に基づいて行動すれば、軸のブレやムダがなくなることで、効果的な活動につながり、目標を大きく突き抜けることができます。

02 戦略の枠組みを決める

私たち営業マンは、チャンスを見つけたり、お客様を絞り込んだり……と、複数の営業活動を行います。

そこで戦略も、いくつかの「枠組み（フレーム）」に分けてつくると、実行しやすくなります。

本書では戦略を、次の８つの枠組みにわけて考えます。

1 市場を知る

2 （ターゲットとなる）お客様を選ぶ

3 お客様の特性を知る

4 提案すべき商品を決める

5　営業方法を決める

6　売上を増やすための投資を判断する

7　成功を図る基準を決める

8　軌道修正する

繰り返しになりますが、戦略はつくったら終わりではありません。実行していく中で新たな発見や切り口を見つけたら、それを新たに組み込んでいくことで、**ブラッシュアップ**していくものです。

したがって全体を把握し、結果がうまく出なかったときには、戦略のどこに問題があるのかを発見することが、戦略をよくしていく方法です。

では戦略の**8つの枠組み**について、順番に見ていきましょう。

03 市場を知る

あなたが漁師だったとします。
あなたは何も調べないまま、大海原に魚を採りに出かけるでしょうか。

漁に出るなら、まず、今の季節はどんな漁場で、どんな魚がどのあたりにいて、その魚はどんな餌を食べるのかを調べ、天候を予測し、「船」「網」「えさ」を準備してから海に出るのではないでしょうか。

営業も同じです。営業という海に出るのであれば、まずはその市場（海）を理解しなければなりません。これを理解するには、まず、その市場にいる人は誰か、数や市場規模、そしてその市場の成長性を、数字で把握しなければなりません。

これを調べるには、**『業種別審査辞典』**（金融財政事情研究会発行）が役立ちます。

ここには総数1290の業種の情報が収録されていますので、欲しい情報が見つかります。国や地域の図書館にもありますので、探してみるといいでしょう。

もしも会社の中に、市場調査を行うマーケティング部門や、顧客管理を行う営業推進部門があるなら、もちろん協力をあおいでください。

そして次の3つのことを、営業マン自らが理解するのです。

1　あなたの商品の市場規模と成長性は？

2　競合はいるか？

3　商品に求められているニーズは何か？

営業マンが、これらを理解し、競合状況、お客様のニーズや要望を書き出していくことが、戦略の第一のベースになるのです。

04 お客様を選ぶ

市場を理解できたら、**次はアプローチすべきお客様を選んでいきます。**

なぜなら、営業マンが市場にいるすべてのお客様にアプローチすることは不可能だからです。

たとえば1件のお客様を訪問するとき、営業マンがどれくらいの時間を使っているか具体的（平均的なケース）に計算すると、

・お客様と面談している時間60分
・往復の交通時間60分
・説明資料の作成60分
・アポイントメントなどの事前準備と事後の日報作成60分

合計すると**1件のお客様を訪問するのに4時間**かかります。

郵便はがき

料金受取人払郵便

麹町支店承認

2315

差出有効期間
平成26年3月10日
（切手不要）

1 0 2 - 8 7 9 0

209

東京都千代田区平河町２－１６－１
平河町森タワー１１F

Discover
ディスカヴァー

行

お買い求めいただいた書籍に関連するディスカヴァーの本

営業リーダーの教科書
横田雅俊　1400円（税別）

まったくの営業未経験者からたった３年で世界2300人の営業マンのトップに立った著者が教える、全業種に共通する一流営業マンの行動法則。

頭の回転数を上げる 45 の方法
久保憂希也／芝本秀徳　1400円（税別）

スキルアップ本を100冊読むより、ビジネス思考の「型」を学び、自分の頭で考える習慣をつけよう！素アタマ（知的運用能力）を磨く45 のトレーニング。

営業は準備が9割!（マジビジS 01）
小幡英司　1000円（税別）

新感覚のビジネス入門シリーズ「マジビジ」から派生した、より実用的で、より易しく読める新ブランド［S（エス）］シリーズ第１弾。意外と誰も教えてくれない「営業の基本」、教えます。

99%の人がしていない たった１%の仕事のコツ
河野英太郎　1400円（税別）

「まじめ」と「みじめ」は紙一重!? はきちがえた「まじめ」さは、「みじめ」な結果を招きます。仕事を効率的に進め、着実に目標を達成するための今すぐできる仕事のヒント、教えます。

会員募集中！

ディスカヴァー ブッククラブ

好きな本について語り合う読書会や講演会など、楽しいイベントを開催!

会員限定メールマガジンや先行予約、オリジナル・グッズなどの特典も。入会費・年会費は無料です。

詳しくはウェブサイトから!
http://www.d21.co.jp/bookclub/
ツイッター @d21bookclub
Facebook公式ページ
https://www.facebook.com/Discover21jp

イベント情報を知りたい方は
裏面にメールアドレスをお書きください。

1284 営業は運ではございません。　愛読者カード

◆ 本書をお求めいただきありがとうございます。ご返信いただいた方の中から、抽選で毎月５名様に**オリジナル図書カード（１０００円分）をプレゼント！**
◆ **メールアドレスをご記入いただいた方には、**新刊情報やイベント情報のメールマガジンをお届けいたします。

フリガナ お名前	男 女	西暦　年　月　日生　歳
E-mail　@		
ご住所　（〒　－　） 電話　（　）		
ご職業　１ 会社員（管理職・営業職・技術職・事務職・その他）　２ 公務員　３ 教育職 ４ 医療・福祉（医師・看護師・その他）　５ 会社経営者　６ 自営業　７ マスコミ ８ クリエイター　９ 主婦　１０ 学生（小・中・高・大・その他） １１ フリーター　１２ その他（　）		
本書についてのご意見・ご感想をおきかせください ご意見ご感想は小社のWebサイトからも送信いただけます。http://www.d21.co.jp/contact/personal		

このハガキで小社の書籍をご注文いただけます。
・**個人の方：**ご注文頂いた書籍は、ブックサービス（株）より１週間前後でお届けいたします。
代金は**「税込価格＋手数料」**をお届けの際にお支払いください。
（手数料は、税込価格が合計で１０００円未満の場合は３００円、以上の場合は２００円です）
・**法人の方：**30冊以上で特別割引をご用意しております。お電話でお問い合わせください。

◇**ご注文**はこちらにお願いします◇

ご注文の書籍名	税込価格	冊数

電話：03-3237-8321　FAX：03-3237-8323　URL：http://www.d21.co.jp

1日8時間働くとすると、1週間では40時間、つまり1件のお客様を1週間に1回訪問することは、営業マンの1週間の時間の10％の時間を使うことなのです。

ですから**売れる見込みのないお客様を訪問することがないようにお客様を選ぶ**ことが重要なのです。

そのためには、あなたが参入する市場にいるお客様を選ぶ基準を明確化し、あなたの商品を求めているお客様だけにアプローチすることです。

これができれば効率は2倍、3倍に上がります。

たとえば、あなたが富裕層向けに、高額商品やサービスを売りたいのであれば、選定基準をまずは資産額1億円以上の日本の富裕層とします。すると約120万人（日本の人口の約10％）があなたのターゲットになります。

ここにさらなる基準（性別、年齢など）を追加することで、よりターゲットを絞り込みます。この作業を繰り返すことで、あなたが現実に訪問できる件数まで絞り込めたら、それが**あなたがターゲットとするお客様**、というわけです。

05 お客様の特性を知る

ターゲットを明確にできたら、お客様の特性を理解します。
すべてのお客様は、次の3つのタイプに分類できます。

1 自らあなたの商品を選ぶ可能性のあるお客様
2 商品に関心はあるものの、自力ではあなたの商品を選んでくれないお客様
3 あなたの商品に関心のないお客様

「1」のタイプは、自身で問題も課題も、解決策もわかっているお客様です。

たとえば旅行でいえば、「京都で秋の紅葉を見たい」など、目的がはっきりしているお客様です。こうしたお客様は、自分の希望を満たすプランを、自ら見つけて申し込みます。

「2」のタイプは、自身で問題はわかっているものの、解決策がわからないお客様です。

旅行でいえば、「リフレッシュするため旅行に行きたい」とは思うものの、どこに行けばいいいかがわからないお客様です。

「3」のタイプは、自身で潜在するニーズに気づいていないお客様です。先の例でいえば、旅行に関心がないため、旅行会社の商品にはまったく興味のないお客様です。

このように営業マンは、ターゲットとなる**お客様のさまざまな特性を理解することが大切**です。

06
提案すべき商品を決める

それぞれのタイプのお客様の特性を理解できたら、**あなたの商品をお客様のタイプに合わせ分類します。**

購買特性に合わせて提案する商品を決めるのです。

「1」のお客様は、「価格、品質、納期」にすぐれた商品を購入するので、競合他社よりも価格競争力があり、品質が優れていて、納期が早い商品を提案します。旅行でいえば、日程に合う中で、最もコストパフォーマンスのよい商品を提案します。

「2」のお客様には、その要望を聞き出し、要望に合った商品をこちらから提案します。可能であれば、せっかくお目にかかるのですから、お客様に合わせ、カスタマイズした内容の商品やサービスを提案します。

たとえば、海外チームのサッカー観戦が好きなことがわかったお客様には、ヨーロッパのサッカー観戦ツアーをおすすめするとともに、可能であれば、お客様の希望に合う日程、希望チームの観戦を手配するなど、商品をカスタマイズして提案するイメージです。

「3」のお客様には、お客様が気づいていない要望を喚起するような商品を提供することで、そのニーズを掘り起こします。

先の例でいえば、イメージを喚起することで、旅行の素晴らしさに気づくお手伝いができるような商品を提案します。

このように、**それぞれのお客様の特性に合った商品やサービスを提案できれば、売上は2倍、3倍**になるのです。

07 営業方法を決める

お客様の購買特性を理解し、あなたが提案する商品を決めたら、**3つのタイプそれぞれの購買特性に合った営業方法を取ることで、成約率が高まります。**

それぞれのタイプのお客様が求める商品は次のようなものです。

1 「価格、品質、納期」にすぐれた商品
2 お客様の要望をかなえる商品(可能であればカスタマイズされた商品)
3 お客様が気づかなかった、購買意欲を喚起する商品

「1」のお客様は、「価格、品質、納期」が重要ですので、あなたが提案する商品のどこが他社よりいいのか、お客様が納得できる説明が決め手になります。そこで比較表などを準備して、この3点にポイントを絞った営業をします。

「2」のお客様には、お客様のニーズへの合致度が高い商品（＝解決策）を提示するとともに、お客様の要望に合わせてカスタマイズした商品を提案します。さらにはそれをできるだけ早く、安く、提供することをアピールします。

「3」のお客様には、営業マン自身がお客様の課題を探るためのコンサルティング力（＝問題解決力）が最も必要になりますので、質問表を作成するなどしてお客様が気づかなかったニーズを探し出し、解決策を提案する、すなわち未来図を見せることで、お客様の購買意欲を喚起するような営業を行います。

このようにお客様が何を決め手に購入するのかを理解して、お客様に合った営業方法で提案すれば、競争力は**飛躍的に向上**します。

08 売上を増やすための投資を判断する

戦略の枠組み（フレーム）の６つ目は、お客様への投資が必要かを判断し、会社に提案することです。

戦略を実行するためには、**ヒト・モノ・カネ・情報・時間という5つの経営資源**のどれを投資するのかを、まずは営業マン自身で判断する必要があります。

たとえば、市場を理解して、ターゲットを絞り、お客様の特性を理解して、営業方法を決めるためには、マーケットリサーチ、広告宣伝、販売促進キャンペーン、販売チャネル開拓などの**投資**が必要となります。

投資項目と内容を最終的に決めるのは、営業マンではなく会社になりますが、これらは営業マンがまず、自身で判断し、上司に提案するようにしてください。

どんな投資が必要かを探るには、**サッカー観戦**を想像するといいでしょう。

たとえば、サッカーのゲームは、座る位置によって、見える景色が変わります。観客席上段で見ると、試合運びや選手のポジショニングがよく見えますし、最前列で見れば選手が激しくぶつかり合う様を直視できます。

営業の仕事でも同様、観客席の上段に座って試合（市場）を俯瞰するとともに、最前列に座って選手（お客様や競合）をよく見ることで、課題が見えてきます。

それを見てあなたは、会社にどんな投資が必要かを判断し、提案するのです。

判断したら投資内容は具体的に、**5W2H**すなわち、投資を**いつ**（When）、**誰に**（Whom）、**何を**（What）、**なぜ**（Why）、**どこで**（Where）、**どのように**（How）、**いくらで**（How Much）行うかを考え、提案してください。

あなたが自ら投資内容を提案し、会社が承認、実行するサイクルができると、あなたと会社が一体となることで、業績はより加速度を上げて高まるのです。

09

成功を測る基準を決める

戦略を実行した結果、成功したかどうかを明確にできれば、戦略が正しいか、まちがっているかが判断できます。もしうまくいっていない場合は、どこをどのように改善すべきかも見えてくるので、**戦略をつくるときは必ず、目指すべき成功の判断基準を決めてください。**

具体的には、「売上」「利益」「市場シェア」「顧客満足度」などについて、きちんと数字を設けることです。なぜなら、成功を「数字」で判断できないと、結果の判定がしにくいからです。

たとえば売上5000万円という形できちんと数字を設け、これを第一の成功（目標）と定めたとき、結果が4000万円であれば、どこかで戦略がまちがっていることがわかります。

このように問題が明確に定義できれば、定期的に戦略を評価・点検することで、新たな発見と気づきが生まれます。そのためにはたとえば次の3つについてチェックします。

1　目標
2　目標達成のための指標
3　成功要因

「目標」とは売上や利益目標（数字）自体のことです。「目標達成のための指標」とは、たとえば達成のために必要な見積書や提案書の提出件数のこと。「成功要因」とは商品知識やコミュニケーションスキルの向上、満足したお客様の声の収集など成功のために重要な要因のことです。

詳細に成功基準の設定ができれば、ギャップが発生しても、その原因がどこにあるのかが見つけやすく、戦略も見直しやすくなります。これが**「戦略」の正しさを検証する羅針盤**になり、あなたが目的地に到達する道しるべになるのです。

10 軌道修正する

戦略は一度で完成する訳ではありません。必ず**四半期単位で見直す**ようにしてください。なぜならお客様が異動したり、競合他社が新製品を発表したりすることで、市場は四半期単位で変化するからです。

戦略を軌道修正するためには、ここまでご紹介してきた戦略を構成する８つの枠組み（フレーム）を一つひとつ検証していきます。目標が達成できなかった場合には、必ず原因があります。それを枠組みの中に探し、解決していくのです。

たとえば、

・**市場にどんな変化が起こったか**

・市場の選び方は正しかったか
・お客様の特性の分析は行ったか?
・お客様のニーズに合った商品を提案できたか
・営業方法は適切であったか
・商品の品質・納期・価格にお客様は満足したか
・必要な投資の判断は正しかったか

などを枠組みに沿って点検します。数字でチェックできることは数字で行うと、曖昧さがなくなり、成否がはっきりします。

原因がわかったら、解決策を立案し実行します。

こうして四半期が終わった翌月には、戦略を軌道修正し実行するのです。

戦略は、実行すれば必ず結果が出ますので、必ず作成することが大切です。

営業マンであるあなたこそが、「戦略」をつくり、実行し、修正を繰り返してそれを練り上げていくことで、営業マンとして大きな成長を手にできます。

Chapter 5

「ナイトサイエンス」で感性と直感を活かす14の方法

目標達成率∞

サイエンス営業術（ナイトサイエンス編）

01
ナイトサイエンスを営業に活かす

私がＩＢＭで社会貢献の仕事をしていたとき、江崎玲於奈博士（ノーベル物理学賞受賞者）と何回かお話をする機会がありました。江崎さんは、

「サイエンスの大発見や発明は、感性と直感から生まれる」

と言われていました。

つまり、サイエンスには論理性と客観性だけでなく、もうひとつ、感性的、直感的な側面があるとおっしゃるのです。

科学の世界では、前者を「**デイサイエンス**（昼のサイセンス）」、後者を「**ナイトサ**

イエンス（夜のサイエンス）」というそうです。サイエンスは両者がコインの裏と表となって相互に補うことで、発展していくというわけです。

そこで最終章である第5章では、**論理を超えたところにある「感性」と「直感」を活かした「ナイトサイエンス」**を使った営業手法をご紹介していきたいと思います。

具体的には、「感性」でお客様の行動を読みとり、その心をつかむ方法や、1秒にも満たない短い時間に、「直感」や「ひらめき」で判断し行動することで、売上につなげる方法など、その内容は、これまでの章とは異なるものです。

ここまでは、営業とは「運」ではなく、すべて論理で説明がつく科学的なものであることをお話してきましたが、トップ営業マンが最終的に、より大きく突き抜けるためには、こうしたスキルも、**とても大事な武器**になります。

営業の基本、創意工夫、仕組み化、戦略を実践して目標達成率200％を実現したら、最後は感性と直感を使ったナイトサイエンスを使って、最強のトップセールスを目指してください。

02 好印象をつくる

私たち営業マンがお客様に好印象をもっていただくには、どうすればいいのでしょうか。

人の行動が他人にどのような影響をおよぼすのかについて調べた調査によると、見た目などの視覚情報が55％、口調や話す速度などの聴覚情報が38％、話の内容などの言語情報が７％の割合であったことがわかりました。これは**「３Ｖの法則」**と言われています。

つまり、お客様は「見た目」で5割、「話し方」で4割、「話の内容」で1割という割合で、あなたの印象を決めているというのです。

にもかかわらず、多くの営業マンは、「話の内容」→「話し方」→「見た目」という順で気くばりしているように思えます。それではうまくいきませんよね。

アップルの創業者、スティーブ・ジョブズ氏は、普段は黒のタートルにリーバイスのジーンズでしたが、金融機関との打ち合わせではスーツを着用していたことが知られています。

つまり私たち営業マンは、お会いするお客様が銀行マンであればスーツ、カジュアルなお店の方であればTシャツとジーンズなど、お客様に合わせた「見た目」にすることで好印象を得ることができるというわけです。

論理的に話すことも大事ですが、こうした**「見た目」**や**「話し方」を工夫すると、面白いことにお客様は「話の内容」にまで興味をもってくれる**ようになります。

論理的な方ほど、ぜひ一度、試すことをおすすめします。

03 プライベートな話をする

信頼関係ができているお客様とお会いしたとき、自分がどのような**会話**をしているか、思い浮かべてください。

あなた自身のことやあなたのまわりに起きたこと、たとえば、仕事の帰りに皇居の周りでランニングを2キロしていること、最近犬を飼うようになって、毎朝6時に散歩していること、飲み会での失敗談や自分の兄弟や家庭のことなど、プライベートなことを話しているのではないでしょうか。

これは心理学で**「自己開示」**と呼ばれる方法です。

実は私たちは無意識のうちに、自分をさらけ出すことで、お客様との関係をつくるコミュニケーションをしています。

最初は表面的な形でも結構です。

お客様との初めての商談では、たとえば初めての沖縄旅行や地元のお祭りについて、あるいはあなたが好きな音楽や映画の話など、とにかく「自分の話」をするようにしてください。ここからはじめることで、お客様とスムーズにコミュニケーションが図れ、少しずつ距離が近づきます。

また、**お客様とは接触回数が多ければ多いほど親しくなれます。**ですからできるだけ接触の回数を増やす、つまり期間を空けずに訪問し、自己開示を使ったコミュニケーションを続けるようにしてください。

どうしても忙しいときには、お客様向けに新しい商品やサービス、イベント情報などを伝える毎月のリリースに、自分の近況を数行書いてメールするのもいいでしょう。

こうしてお客様との信頼関係をつくっていくと、お客様から「来週相談したいから来て欲しい」などと言われるようになり、**営業のチャンスが大きく増えます。**

04 好きになる

お客様に嫌われていると感じたことはないでしょうか?

営業マンは自分が嫌われていると感じると、ますますそのお客様と疎遠になって、より嫌われるようになるものです。

そんなときは営業マン自らが、「私はあなたのことが好きです」という気持ちと態度を示すようにしてください。自分の方から好意をもっていることをお客様に示すことで、お客様があなたに好意をもってくださる可能性が高まるからです。

ちなみに心理学の調査結果では、「最初から最後までずっと好意的である」よりも、「最初は印象が悪くても、あとから好意的な印象になった」方が、より好感度が高くなることが実証されています。

お客様も、好意を示してくる営業マンを、次第にかわいく思うものです。

ですから、まずはあなたから、お客様に好意をもつことです。

行動は心の中を映し出す鏡。
つまり営業マンの心や気持ちは、お客様の前では態度や話し方、その内容に自然と出ているということです。

お客様にお会いする前には、お客様の会社の入口やロビーで、鼻から息を吸って深呼吸しながら心を整え、これからお会いする人を「好き」になったところで訪問するようにしてください。

05 最初の15秒を大事にする

「最初の15秒間の行動が、印象を決める」と言われています。

つまりお客様はたった15秒で、あなたを判断するというわけです。

これはもともと、スウェーデンの経営コンサルタントによる論ですが、スカンジナビア航空はこのコンセプトを取り入れ、経営再建に成功しました。

彼らは、お客様に接するすべての従業員に、この15秒を使ってさまざまな要望や問い合わせに迅速に対応させた結果、再建に成功したのだそうです。

スカンジナビア航空グループの社長だったヤン・カールソンが、この15秒を**「真実の瞬間」**と表したことで、この言葉は世界的に有名になりました。

私たち営業マンも同様に、最初の15秒でお客様の心をぐっととらえることで、成約率を高められます。

それは見た目によってかもしれませんし、あるときは話し方によってかもしれません。あるいはお客様に与える安心感によってかもしれません。

ここはみなさんの得意な武器で、ぜひこの15秒を有意義なものに変えてください。

たった15秒で、と思うと恐いですが、逆に言えば最初のたった15秒で勝負が決まれば、あとの交渉はとても楽です。

たった15秒、されど15秒を、ぜひ大切にしてください。

06
お客様の気分に合わせる

有名な**マズローの欲求5段階説**をご存知でしょうか？

これは人間の欲求とはピラミッド状に5段階に分けられるもので、下から、「生命を維持したいという生理的欲求」、「安全でありたいという安全の欲求」、「集団に属したいという社会的欲求」、「価値ある存在でいたいという承認の欲求」、最後に「自分の能力を引き出したいという自己実現の欲求」につながっていくと説くものです。営業マンはお客様がおかれた欲求の状態に合わせて営業できると、成約率が高まります。

お客様の**「生理的な欲求」**を満たすには、まずは清潔な服を着てお客様にさわやかに感じていただくことが大切です。

「安全の欲求」に対しては、お客様の目を見てあいさつしたり、お客様の話をよく聞くことで、商品を無理にすすめない営業マンだと安心いただくようにします。

「社会的欲求」を満たすには、お客様の肩書きや社内の立場に応じた対応をとることです。たとえば部長であれば、名前を呼ぶとき、「○○部長」と呼ぶなどです。こうすることでお客様はご自身の社会的な立場をあなたが理解していると安心します。

「承認の欲求」を満たすには、お客様の話を聞き、相手が努力しているポイントを、誠実かつ具体的にほめ、「素晴らしい」と賞賛します。

「自己実現の欲求」を満たすには、その方の力を引き出すような商品をすすめるとともに、お客様が求める方向性を理解しようとすることです。

お客様の欲求をあなたが満たすように行動すれば、それがどんな商品であっても、お客様は安心してあなたの商品を選んでくれるようになるのです。

07
スタイルに合わせる

お客様は次の４つのタイプに分類できます。

A 現実的で行動的／感情を人前で見せない／結果と効率を重視／独立心があり管理を好む現実派

B 独創的で創造力があり、明るく人間好き／積極的に自分の話を聞いてもらうことを好む社交派

C 慎重に物事を観察し、決める前によく考える／進んで問題の発見や分析を好む理論派

D 友好的でバランスをとりながら合意を得る／チームの成功とまわりの人との協調を好む友好派

お客様がこれら4つのどのタイプに当てはまるかを考え、そのお客様に合った営業ができると、商品が何であってもうまくお客様に売ることができます。

たとえば話し方に関してはこうです。

現実派のお客様には、「メリハリをつけて、はっきり言い切る。結論から言い、ダラダラ話さない。そうすることでお客様は安心して気持ちよく話を聞いてくれます。

社交派のお客様には、よく聞き、友好的に対応する。

理論派のお客様には、クールに論理的に対応する。

友好派のお客様には、もの静かに好意的に合意を得ながら話す。

この4つのタイプはソーシャル・スタイルと呼ばれますが、営業マンはこのように、お客様のスタイルに合わせて営業することでお客様を安心させられると、商談が成功しやすくなるのです。

08 ペースを合わせる

お客様の行動やしぐさには、「くせ」や「特徴」があるものです。それは「腕をくむ」「相づちをうつ」「足をくむ」「よく笑う」などさまざまです。

そこでお客様のなにげない行動に合わせて相手の鏡のように行動――たとえばお客様が相づちをうったら、自分も相づちをうつ。腕ぐみをしたら、自分も腕ぐみをするなど――できると、自然と打ち解け、親しくなると言われています。これは心理学で**ミラー効果**と呼ばれ、営業にも応用することができます。

同様に、相手のペースに自分を合わせられると、お客様との距離が近づくことがよくあります。これは**ペーシング**と呼ばれるもので、これも効果を発揮します。

たとえば、相手が深刻そうな話をしたら、こちらも深刻な表情をしたり、声の調子や話すスピードなどもお客様に合わせます。

加えてお客様の価値観や考えを受け入れ、お客様の意見に同意し、お客様が努力していることをほめたたえます。そして呼吸もお客様に合わせます。

このように相手のペースに合わせていくと、お客様は居心地がよくなり、あなたの話にゆったりとした気持ちで耳を傾けられるのです。

その結果、商品の如何に関わらず、お客様はあなたの提案するものを受け入れやすい素地が整います。

営業をするときは、お客様が営業を受け入れるための素地を整える。

論理を超えたところでお客様があなたを認め、受け入れることで、商品力とは別の部分で、あなたの提案は受け入れられやすくなるのです。

09 直感をみがく

日常的に論理的に考え、行動するようにしていると、思考のスピードが速まります。これを日々繰り返すと、瞬時で論理的思考ができるようになります。

実はこれが「直感」です。

直感とは脳科学では、「ひらめき」とは異なり、「確信」と言われています。加えてあちこちで脳の回路がつながり出すと、私たちは直感で行動できる身体に変われます。

たとえば契約直前のクロージングで、お客様が不安に感じていることを直感的に感じとり、その場で解決策を提案できたらどうでしょう。商談は高い確率で成約につながるのではないでしょうか。このように営業マンにとって「直感」は、とても大事なものなのです。

ただしこの「直感力」はそう簡単には手に入りません。

私は営業7年目になって初めて、訪問したお客様の会社の受付、その応対、会社の雰囲気、オフィスのレイアウト、社内ポスターの内容、社員のみなさんの動きやお会いしている方との会話などから、契約までのストーリーが描けるようになりました。

これは積み重ねた経験（成功と失敗）と知識によって培われた「直感」のなせるわざ。6年間の営業の経験が形づくった直感力が、私をここまでに変えたのだと思います。

営業マンがこの「直感力」を手に入れると、成約率が驚くほど高まります。

営業の仕事を続けるなら、必ずこれを味方につけ、あなたの**武器**に変えてください。

10 直感でアイデアをつくる

繰り返しになりますが、直感は営業マンにとって大きな武器です。

そこで、この武器を使って新しいアイデアをつくる方法をお教えします。

これはドイツで開発された**「ブレインライティング」**という方法です。「沈黙の会議」とも言われ、ブレインストーミング（ブレスト）同様、広く活用されている方法です。

これを使えば短時間に大量の創造的なアイデアをつくれます。

まずは原則6人（あなたひとりでも、お客様とふたりでもかまいません。ただし参加者は、できるだけ異なった価値観をもつメンバーであることがおすすめです）の参加者でグループをつくり、ひとりにつき3つのアイデアを5分で考え、紙に書きます。

直感で書くことが大事ですので、5分は短いですが、この時間は守ってください。

5分たったら隣に回します。自分のところにきた紙には隣の人が書いた3つのアイデアが書かれていますが、その3つのアイデアを自分なりに発展、展開させたプランを各々その下に5分で書き、また次の人に渡します。そしてこれを参加者全員に対して行います。


すると6人であれば30分で、**全員で合計3案×6回×6人分＝108のアイデア**が生まれます（ひとりであれば30分で18個のアイデアをつくれます）。

このブレインライティングは、インターネットを利用すれば日本全国、世界中の人たちと行うこともできます。


5分という短い時間で、他の人が書いたアイデアをミックス、反転、応用してアイデアを展開していくことで、アイデアは思いもよらぬ形で発展します。

こうして全員の直感から、思いもよらないアイデアが生まれるのです。

11 ひらめきを増やす

直感やひらめきが出るのはどのようなときでしょうか。

電車に乗っているときや歩いているとき、あるいはお風呂のバスタブでゆっくりしているときや寝起きに、なぜかいいアイデアがひらめいたこともあるのではないでしょうか。

GEの元CEOのジャック・ウェルチは、シャワーを浴びているとき「ひらめく」と言っています。

ちなみに海外では、ひらめきの場は**「3B」(Bus, Bath, Bed)**と言われています。

電車やバス、歩きは脳に適度な刺激を与えることで神経回路がつながり、アイデアが出ることが脳科学で証明されています。

お風呂や睡眠中も、リラックスして潜在意識がほぐれることから、アイデアが出やすいと言われています（洗髪やシャワーも、直接脳を刺激するので効果的と言われています）。

営業マンは移動の機会が多いものです。

この移動の時間は、お客様への提案や新しい営業方法などがひらめくチャンスです。そこでこうしたシチュエーションにあるときは、常にメモを携帯し、アイデアを書きとめるようにしてください。そしてよいアイデアは、早速実行するのです。

メモは月単位で整理し蓄積すると、1年後、3年後に大きな財産になります（メモはデジタル化して検索、分類、加工できるようにしておくと便利です）。

こうした**直感によるアイデア**は、いつか思いも寄らぬ結果を生み、あなたに力をくれるはずです。

12 予感を与える

お客様は「理由はないが、いい気がする」という理由で、商品を買うことがあります。

お客様が購入を決断するとき指標となるのは、数字で示せるデータだけでなく、よさそうだという「予感」でもあるということです。

たとえばあなたが旅行のパンフレットを見ていて、「行ってみたい」と思うのも、街を歩いていて「この服、欲しいな」と思うのも同じではないでしょうか。

「欲しい理由」は必ずしも確固としたデータに基づくものではなく、なんとなく「いい」と「感じて」そう思うのではないでしょうか。

健康食品も同じです。

それがお客様に届けているのは、商品そのものというよりも「これを摂ったら健康になりそう」「毎日はつらつとしそう」という「予感」かもしれません。

つまりこの予感が、お客様に「買う」という行動を起こさせているのです。

そこで営業マンは、その商品のよさを伝えるための論理的なデータをそろえるとともに、お客様のこうした「予感」を引き出す営業をするようにしてください。

これができると商品性とはまったく別のところでも、商品を売ることができるからです。

お客様が決断するための原動力となる予感とは何かをつかみ営業できると、実はデータで説得するときよりも、大きな数字を手にできます。

13 不確実を演出する

イギリスのケンブリッジ大学の研究によると、可能性が100％のときよりも、50％のときに人はハラハラドキドキするそうです。

実験ではサルにエサを与え、エサがもらえる確率がそれぞれ100％、75％、50％、25％、0％に設定したところ、ドーパミン（意欲、運動調節、快の感情の神経伝達物質）の値が最大になったのは、確率が100％ではなく、50％のときだったということです。

ヒトも同じで50％の確率、つまり確率が半分のほうが、無意識に快感を覚えると言われています。

そこでお客様にはドキドキワクワクする環境をつくり、ドーパミンが出るよう仕向ける営業をするというのも一案です。

たとえば**数量限定**でしか買えなくすることで、「もしかしたら買えないかもしれない」と思わせる。

たとえば**審査**を設け、必ずしも全員が買えないシステムにする。

たとえば**期間限定**など時間を区切って、「買えないかもしれない」という状況をつくるなど。

こうして**お客様を、ドキドキワクワクさせる「確率50%」の位置におく**営業ができると、お客様のそのドキドキが、数字につながるというわけです。

14 クロージングのチャンスを見逃さない

お客様が買う気になっているかは、その**行動**を見ればわかります。このサインを見逃すとクロージングのタイミングを逃しますので、注意するようにしてください。

お客様の次のような行動は「買いたい」というサインです。

- **価格や支払条件を聞く**
- **商品の詳しい内容を質問する**
- **姿勢が変化する**
- **うれしそうな表情をする**

・あいまいな理由を言う

価格や支払条件について聞くのは、あなたの商品が欲しいからです。買いたくもないものの値段を聞く人はまずいません。

詳しい質問をするのも買いたいからです。

姿勢が変化するのはお客様の心に前向きな変化と結論が出たときです。うれしそうな表情をするのも、買えば何かいいことがありそうだと思っているからです。

あいまいな理由、たとえば「欲しいけれど値段がもう少し安ければ」とか「いちおう奥さんに相談したい」と言うときは、買うことは決めているものの、不安材料を探しているときです。そんなときはお客様から不安を聞き出し、それに応えるようにしてください。

クロージングのチャンスはそう何度も訪れません。

お客様の言葉やしぐさなど、普段と違う言動（クロージングのサイン）を五感で感じ、**チャンスを逃さないこと**です。

おわりに

最後までお読みいただきありがとうございます。心より感謝いたします。
本書がみなさまにとって少しでもお役に立てば幸いです。

私が社会人として最初に営業の仕事を経験した日本アイ・ビー・エム株式会社は、社員の成長こそが会社が発展するための原動力との強い信念をもっていました。
こうした環境の中、私は入社後9カ月間の新人研修にはじまり、毎年20日以上の研修を、日本および海外のIBMの研修センターで受けました。また、社外研修も、アメリカのバージニア大学の短期MBAプログラムなどで学ばせてもらいました。

さらには日本アイ・ビー・エム副社長補佐の仕事を通じて組織、人事、広報・宣伝、新規事業、社会貢献について学び、IBMが創業以来、初めて**約8000億円超の**

赤字を出し、**8万人の人員削減**を行った1993年、唯一の日本人としてIBM本社（ニューヨーク）の戦略部門に赴任し、企業変革と経営革新を肌で感じて学んだこともありました。

本書にはこうしたさまざまな経験から学んだことを、存分に盛り込ませていただきました。

しかし何よりも学ばせていただいたのはお客様でした。

名刺の出し方や挨拶の仕方などのビジネスマナー、お客様の課題や問題と解決策立案などの営業スキル、市場や業界を理解して戦略を実行するマーケティングスキルなど、私は多くのことをお客様から教えていただいたと思っています。

もちろん、IBMの多くの先輩や後輩のみなさんから学んだことも数知れません。

彼らから学んだ営業の基本、創意工夫、仕組み化、戦略、感性と直感についても、勉強になるものばかりでした。

特に私が営業マンのときの営業課長、中島誠さん（後に営業本部長、中小型システム担当に就任され、38才の若さで事故でなくなられた恩師）、副社長（当時）を務められた本林理郎さん（副社長、副会長を歴任後、一昨年に他界された恩師）のおふたりにもお礼申し上げたいと思います。

本書はディスカヴァー・トゥエンティワンのプロデューサー、石塚理恵子さんがプロデュースくださったことで書籍として刊行することができました。大変、感謝しています。

またスマートライン株式会社のクライアントとパートナーのみなさんの協力なしに本書は実現できませんでした。ありがとうございます。

私を育ててくれた両親にも感謝しています。私が尊敬する義父、義母。そして、昨年、著書『音楽の明日を鳴らす』を出版し、社会人としてがんばっている長男とお嫁さん、いつも私を支えてくれている妻に感謝の言葉を言いたいと思います。ありがとう。

本書を執筆中に私に寄り添っていつもそばにいて「がんばって！」と微笑んでいた

愛犬、今は天国にいる「あくり」、本当にありがとう。

「営業は素晴らしい仕事」と多くのビジネスパーソンに感じて欲しいと祈念していま
す。毎日、一歩ずつでも前進し、みなさんが輝く営業マンになることを祈っています。

【参考文献】

『企業よ信念をもて』トーマス・ワトソン・ジュニア（竹内書店新社）
『巨像も踊る』ルイス・ガースナー（日本経済新聞社）
『音楽の明日を鳴らす』高野修平（エムオン・エンタテインメント）
『99％の人がしていないたった1％の仕事のコツ』河野英太郎（ディスカヴァー・トゥエンティワン）
『「仕組み」仕事術』泉正人（ディスカヴァー・トゥエンティワン）
『真実の瞬間』ヤン・カールソン（ダイヤモンド社）
『サービスが伝説になる時』ベッツィ・サンダース（ダイヤモンド社）
『経営論』ピーター・ドラッカー（ダイヤモンド社）
『道は開ける』D・カーネギー（創元社）
『7つの習慣』スティーブン・R・コヴィー（キング・ベアー出版）
『リエンジニアリング革命』M・ハマー&J・チャンピー（日本経済新聞社）
『コア・コンピタンス経営』G.ハメル&C.K.プラハラード（日本経済新聞社）
『EQ〜こころの知能指数』ダニエル・ゴールマン（講談社）
『キャズム』ジェフリー・ムーア（翔泳社）
『クラウド化する世界』ニコラス・G・カー（翔泳社）
『シェア』レイチェル・ボッツマン／ルー・ロジャース（NHK出版）
『ビジネススクールで学ぶ　101のアイデア』マイケル・W・プライス+マシュー・フレデリック（フィルムアート社）

営業は運ではございません。

発行日　2013年 3月15日　第1刷

Author　高野孝之

Book Designer　河南祐介（FANTAGRAPH）

Publication　株式会社ディスカヴァー・トゥエンティワン
〒102-0093　東京都千代田区平河町 2-16-1 平河町森タワー11F
TEL　03-3237-8321（代表）
FAX　03-3237-8323
http://www.d21.co.jp

Publisher　干場弓子
Editor　石塚理恵子

Marketing Group
Staff　小田孝文　中澤泰宏　片平美恵子　井筒浩　千葉潤子　飯田智樹
佐藤昌幸　谷口奈緒美　山中麻吏　西川なつか　古矢薫
伊藤利文　米山健一　原大士　郭迪　蛯原昇　中山大祐　林拓馬
本田千春　野村知哉　安永智洋　鍋田匠伴
Assistant Staff　俵敬子　町田加奈子　丸山香織　小林里美　井澤徳子　橋詰悠子
藤井多穂子　藤井かおり　福岡理恵　葛目美枝子　田口麻弓
佐竹祐哉　松石悠　小泉和日　皆川愛

Operation Group
Staff　吉澤道子　松尾幸政　福永友紀
Assistant Staff　竹内恵子　古後利佳　熊谷芳美　清水有基栄　小松里絵　川井栄子
伊藤由美　福田啓太

Productive Group
Staff　藤田浩芳　千葉正幸　原典宏　林秀樹　三谷祐一　石橋和佳
大山聡子　徳瑠里香　堀部直人　井上慎平　渡邉淳　田中亜紀
大竹朝子　堂山優子　山﨑あゆみ　伍佳妮　リーナ・バールカート

Digital Communication Group
Staff　小関勝則　中村郁子　松原史与志

Proofreader　株式会社文字工房燦光
DTP　荒井美樹
Printing　株式会社厚徳社

・定価はカバーに表示してあります。本書の無断転載・複写は、著作権法上での例外を除き禁じられています。インターネット、モバイル等の電子メディアにおける無断転載ならびに第三者によるスキャンやデジタル化もこれに準じます。
・乱丁・落丁本はお取り替えいたしますので、小社「不良品交換係」まで着払いにてお送りください。

ISBN978-4-7993-1284-1
©Takayuki Takano,2013,Printed in Japan.